続 沖縄の自己決定権

沖縄のアイデンティティー

「うちなーんちゅ」とは何者か

Arakaki Tsuyoshi
新垣 毅 著

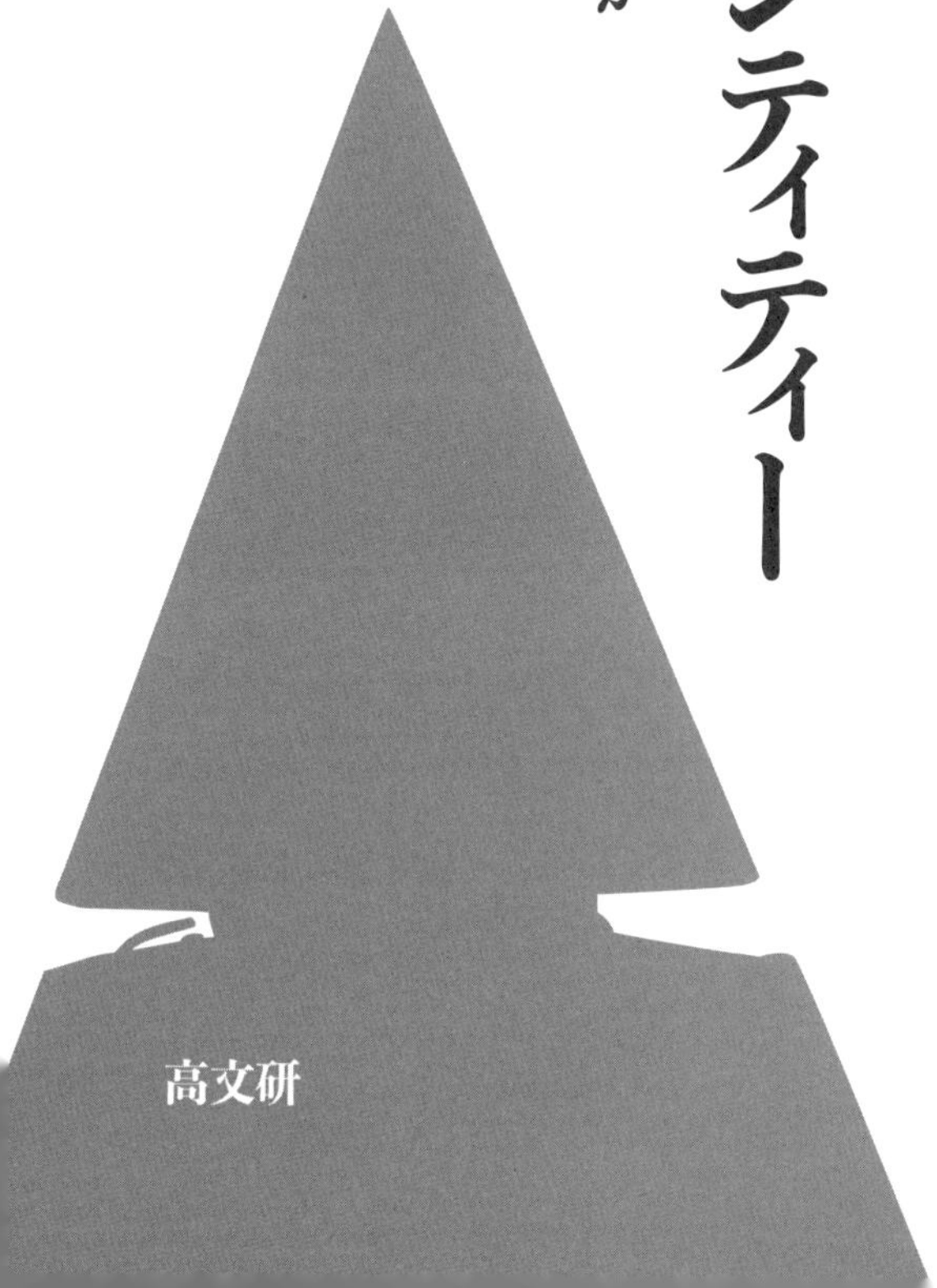

高文研

はじめに

会場は、とにかく暑かった。それは強い日差しと気温だけではない。人々の熱気がすごかった。2015年5月17日、沖縄セルラースタジアム那覇で開かれた辺野古新基地建設断念を求める県民集会。翁長雄志《おながたけし》沖縄県知事による沖縄の言葉を使っての訴えに、大歓声が沸いた。

「うちなーんちゅ、うしぇてー、ないびらんどー（沖縄人をないがしろにしてはいけない）」

翁長知事は那覇市長時代から、しまくとぅば（島言葉）を奨励してきた。しかし、この言葉は、単なるしまくとぅばの奨励の一環ではない。「沖縄人」が主語であり、沖縄人がないがしろにされてきた歴史に対する異議申し立てである。翁長知事はこれまでも、沖縄が歩んできた過酷な歴史と沖縄人の思いに心を寄せ、なかなか本土に伝わらない「いらだち」を「魂の飢餓感」と呼んできた。

思えば、稲嶺恵一氏も知事時代、沖縄の人々に長年うっ積された感情を「マグマ」と称した。「飢餓感」や「マグマ」は日本語で表現してしまうと、多くの沖縄人当事者にとっては、たちまち陳腐な響きになってしまい、胸の内の感情はそんな表現からあふれ出るような感覚を抱くに違いない。しまくとぅばなら、少しは自分の感覚に近づくかもしれないが、それでも感情を包含する言葉は見つからない。そんな感覚を抱く沖縄人は多いのではないか。言葉や意味の世界の限界なのかもしれない。

歴代知事の中では、「沖縄の心とは」と記者に問われた西銘順治氏の返答が有名である。「やまとん

県民大会のあいさつで、うちなーぐちを交えて力強くあいさつする翁長雄志知事
(2015年5月17日、沖縄セルラースタジアム那覇)

ちゅ(大和人)になりたくて、なりきれないうちなーんちゅの心」。大田昌秀氏は「平和を愛する共生の心」、稲嶺氏は「異質な物を溶け込ませる寛容さ」と答えている。それぞれのうちなー観があっていいのだが、知事個々のイメージは、歴史的に構築された、代表的な沖縄人観とみることができる。

沖縄のアイデンティティーを表現してきた、芥川賞作家の大城立裕氏は「同化と異化」のはざまで揺れる沖縄人の姿を見つめ続けてきた。沖縄人の日本人への同化志向を四度の機会から捉えた。

一度目は1609年の薩摩侵攻、二度目は1879年の琉球併合(「琉球処分」)、三度目は1945年の沖縄戦から米国統治下の時期だ。いずれも「沖縄人が同化したくても、日本側が差別で迎えるので同化は失敗した」と総括する。

そして四度目が1972年の日本復帰だ。当時、今度こそ民族統一が真に完成するかどうか「非常に興味をもっている」と書いた。米国統治下の沖縄で、一定の主体性が自覚され、やまとを批判するようになった。やまとの方も、沖縄の歴史への反省が生まれた。マスコミや交通は発展し、沖縄で、やまとぐち（大和口）しか話せない世代も出現した。これらを理由に挙げた。こうした「新しい条件」が復帰後「真の『こころの民族統一』への道を早めることになるのではないか」と「期待」したのだ。

だが大城氏は近年、復帰による同化は「失敗した」と断言する。日本による「沖縄差別」と「日本の帝国主義」が失敗の原因だという。

米軍普天間飛行場の辺野古移設を強行する日本政府の姿勢は、沖縄を「軍事植民地」として扱う差別の象徴に映っている。

では、「同化に失敗した沖縄人」とは、どんな存在なのだろうか。それが本書の主題である。中国、日本、米国という三つの大国・文明のはざまで、唐世《ユー》→やまと世→アメリカ世→やまと世と揺れてきた沖縄。その足跡がアイデンティティーへの理解を複雑にしている。沖縄のアイデンティティーは、日本という近代国民国家の形成過程において、その帰属が国家の境界の内と外を行き来する経験があったからこそ、近代性や近代国民国家の両義性が刻印されている。大きな時間軸で見た場合、まずはその大枠の理解が必要となる。

沖縄の人々は、歴史の節々で、近代国民国家の「悪魔」と「天使」のような、二つの顔と対面し、破局や挫折を繰り返す中で「自立」を追求するに至った。最近、強く叫ばれるようなった「自己決定権」は、その一つの到達点といえるだろう。
そんな大きな歴史的視点に立ってみると、沖縄のアイデンティティーは、日本という近代国民国家の「国民」の形成と切り離して捉えることはできない。だからこそ、沖縄のアイデンティティーを考えることは、沖縄人にとって、自己を問うことにとどまらず、映し鏡のように、日本という近代国民国家の歴史や現在のありようを問うことでもある。沖縄の歴史をたどり、沖縄人のアイデンティティーを深く捉えようとする思考は、それが深ければ深いほど、同時に日本という国の〝素顔〟を浮き彫りにする。本書の提起が少しでも、日本という国のありようや行方を考える上で、警鐘や展望の一助となればと願っている。

一方で、こうした長期的・大局的視点で沖縄人のアイデンティティーを捉えた場合、いったい、沖縄人の苦悩の歴史とその闘いが、どんな地平を開き、どのようなアイデンティティーを生み出してきたか、その一端を知るきっかけになればとも思う。

アジア・太平洋戦争後、沖縄は米軍の出撃地となり、命や人権が脅かされ続ける中で、米軍基地の集中が生み出す、さまざまな事件・事故や不条理に対する異議申し立てが繰り返されてきた。反復されてきた叫びがアイデンティティーとして結晶化したとき、そこにどのような意味や意義が見いだされるのだろうか。そこには普遍的価値や普遍的理念を求める沖縄の人々の姿がある。

沖縄人にとって「正義」を語り、普遍的価値の実現を諦めないことは、闘いの中で培われてきた「誇り」でもあるのだ。

民族集団を対象にする場合、その集団の先天的あるいは後天的な身体的特徴、言語、習慣、宗教、地域、共通の歴史的経験などを基準に民族を定義する研究は多い。しかしこの方法では、具体的な民族集団が有する複雑なアイデンティティーや、その動態的なありようを捉えにくい。また本書は、「民族」や「人種」を扱う学問や研究の言説が、「客観性」の名の下で、特定の人々の身体的特徴や風習などを観察・測定し、「民族」や「人種」に分類してきた営み自体を問題視する立場に立っている。学問という知の特権的立場から創り出された「他者」が、労働や学校などの実践領域で監視や矯正の対象とされてきた歴史がある。

1903年、大阪で開かれた内国勧業博覧会で「琉球人」やアイヌ、「生蕃《せいばん》」(台湾先住民)らが、「学術人類館」内に民族衣装姿で「展示」された人類館事件は、展示することで「他者」を創り出す学問的まなざしの一例である。

本書では、特定の民族集団を定義する営み自体に、排除や差別の問題や政治性がはらまれているという見方に立脚している。

※注:「アイデンティティー(identity)」について

アイデンティティーは、広義には「同一性」「個性」「国・民族・組織など、ある特定集団への帰属意識」などの意味で用いられるが、本書では、主として「特定の民族など、社会集団に帰属しているという自己認識」の意味で使っている。

言語や宗教など、他の民族集団と異なる特徴を前提に特定の民族を捉えるのではなく、これらの諸要素のどれが触媒となって、「私ら〜人」「彼／彼女ら〜人」という、特定の民族集団への自他認識が形成されるのかを重視している。「私ら」と「彼／彼女ら」という自他の線引きが、どのような契機の下で、何を理由に生じるのか、そこにどんな政治性が含まれているかに着目している。

その意味で「沖縄人」を、歴史的かつ動態的カテゴリー（範疇《はんちゅう》）として捉えている。沖縄は、琉球王国という独立国だった歴史があり、住民は琉球人と呼ばれた。明治政府の琉球併合（琉球処分）の史実を重視して、「琉球人」を用いるべきとの考え方もあるが、本書では、ほぼ「沖縄人」に統一した。沖縄の人々が自分たちの集団を表す言葉「うちなーんちゅ」と同義で「沖縄人」を用いている。

なお、文中の敬称は省略した。

◆──もくじ

Ⅲ　1970年前後における復帰論と反復帰論の分析

写真・図版提供：琉球新報社
装丁：商業デザインセンター・山田 由貴

I 「沖縄人」をどう捉えるか

1、現在の「うちなーんちゅ」意識

✦世論調査からみえる県民意識

２０１４年、仲井真弘多《ひろかず》前知事を約10万票の大差で破って圧勝した翁長雄志知事が選挙戦で叫び、県民の心を捉えた言葉がある。「イデオロギーよりもアイデンティティー」「誇りある豊かさ」だ。なぜ県民の心を捉えたか。琉球新報による県民意識調査の数字がそれを物語る。調査は２００１年12月に1回目、以後06年、11年、16年と、5年に一度追跡的に実施している。日本復帰45年を経て、沖縄県民の意識は本土と同質化したのかを知る上でも参考になる。

調査結果の結論から言えば、沖縄のアイデンティティー意識は今も健在である。直近の２０１６年の調査では「沖縄県民であることを誇りに思う」は86・3％に達した。内訳は「とても誇りに思う」が53・0％、「まあ誇りに思う」が33・3％だった。「あまり誇りに思わない」は3・8％、「まったく誇りに思わない」はわずか0・2％だ。

また、沖縄の伝統的な観念である「祖先崇拝」は「大切」と答えた人は9割に及び、琉球舞踊や空手など沖縄文化を「誇りに思う」人も9割を超えた。本土化の波の中で沖縄の伝統文化は捨て去るべきものではなく、むしろ大切に受け継いでいくべきものだという意識が垣間見える。

さらに注目すべきは本土との意識の違いだ。「あなたは他の都道府県の人との間に違和感があるか」との問いに対し、「ない」は53・2%で、「ある」と答えた人が38・3%いた。「ある」と答えた人は、2001年の初回調査時の28・2%から10ポイントも増えている。また、若い世代ほど「ある」と答えた人の割合は高い傾向にある。

日本復帰から45年、「うちなーんちゅ」意識は、本土化の波によって弱まるどころか、むしろ強まっている。

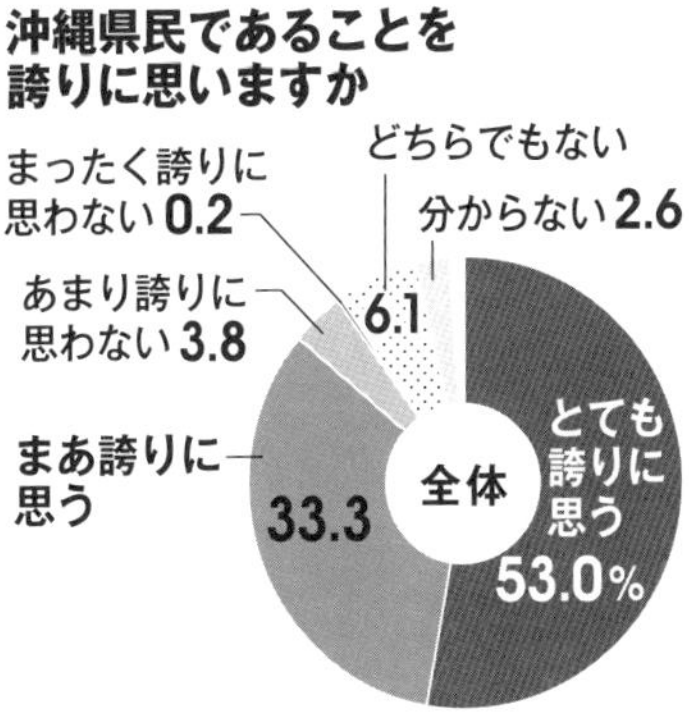

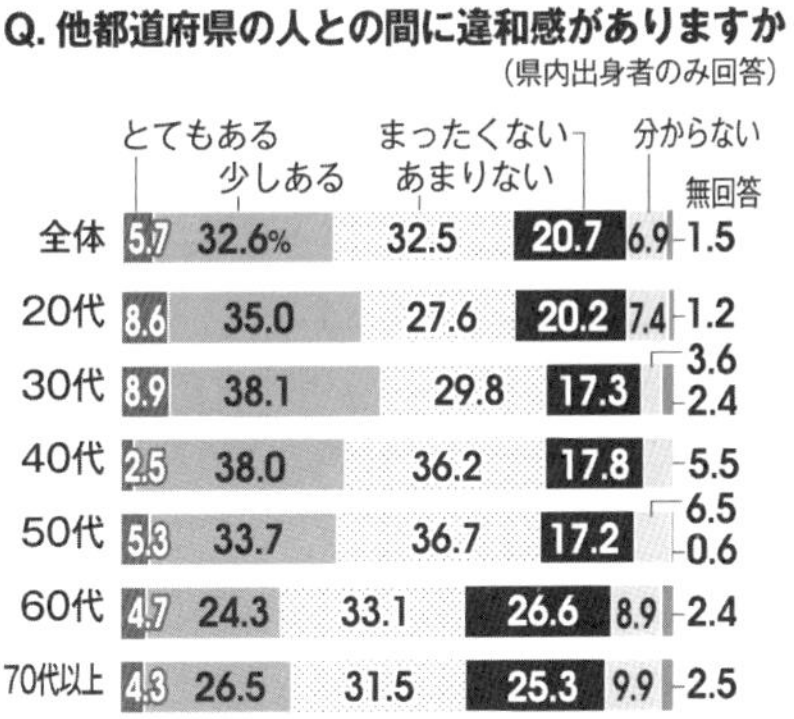

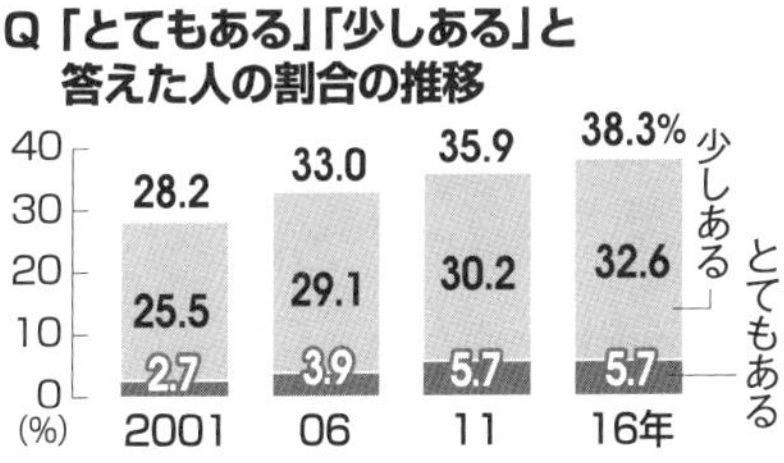

Q. 今後日本における沖縄の立場をどう考えるか

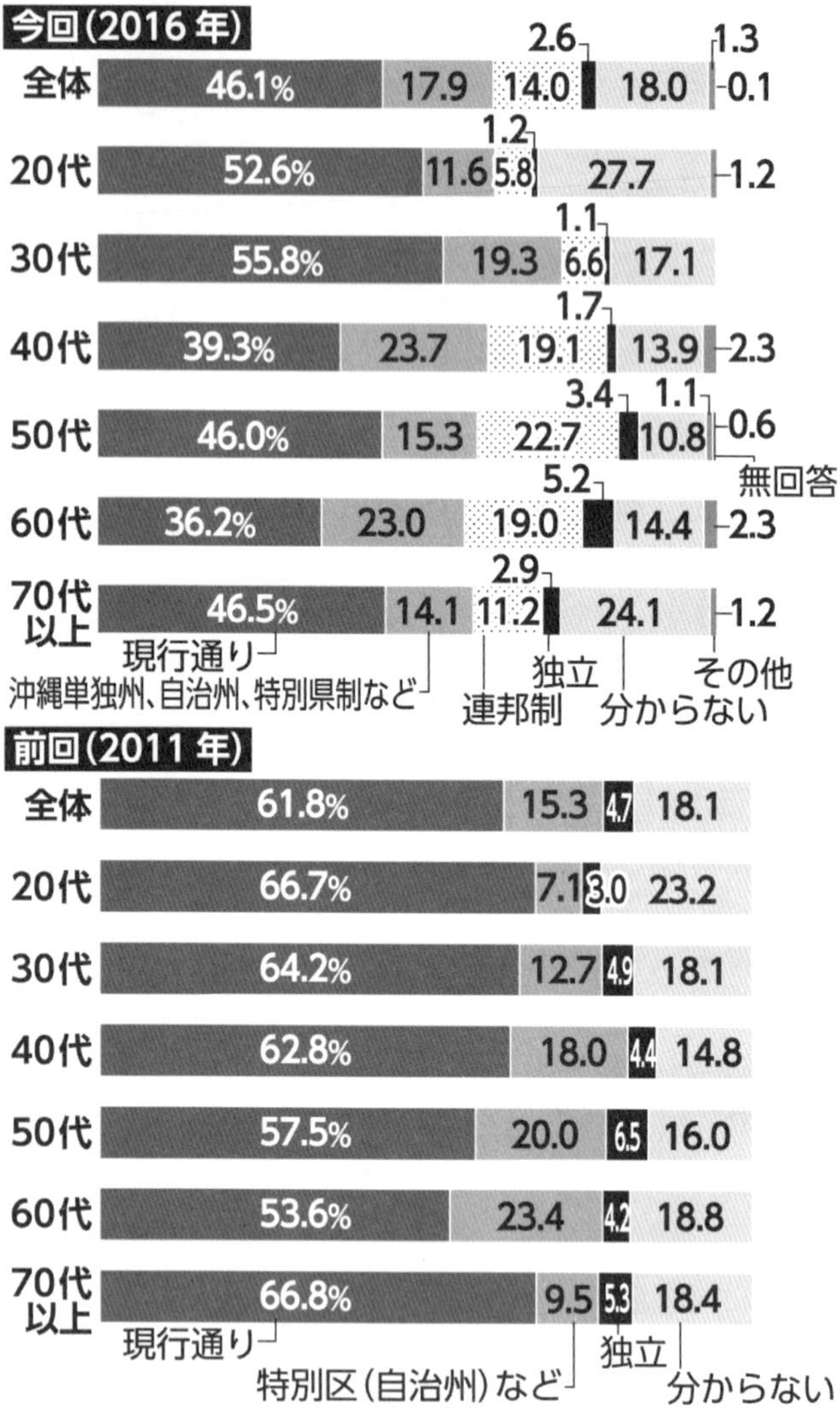

✦自治意識の高揚

なおかつ、本書のテーマの一つである自治意識を問う項目は極めつけである。これまでと異なる傾向が顕著に表れている。「現行通り日本の一県でよい」と答えた人は5年前の61・8％から46・1％へと大きく減り、半数を割った。一方で、内政・外交面での沖縄の権限を大幅に強化する「連邦制」や「自治州」、「独立」を望む人は34・5％にも達し、5年前の20％から大きく伸びている。

２０１５年に琉球新報が実施した世論調査でも、「自己決定権を広げていくべきだ」は87・8％に上っている。

名護市辺野古への新基地建設を巡り、沖縄の民意を無視して建設を強行している政府の姿勢が、県民の意識に反映しているのだろう。

日本の人口割合でいえば、沖縄はわずか1％、国土面積は0・6％だ。しかし今や沖縄県民は県民であることを「誇り」に思い、本土の人々との「違和感」を増幅させ、さらには「自己決定」や「自治」への要求を高めている。翁長知事が選挙戦で県民の心を捉えた「イデオロギーよりもアイデンティティー」や「誇りある豊かさ」は、こうした県民の意識に響いたに違いない。

沖縄の人々にとって沖縄のアイデンティティーを繰り返し問うことは、日本復帰から45年たった今なお、〝旬〟なテーマなのだ。

2、なぜ復帰論議が重要か

✦日本復帰とは何だったのか

もう一つ、沖縄県民の「アイデンティティー」や「自治」「自立」意識を知る上で重要な指標がある。1972年の「日本復帰」への評価だ。2017年の5月15日に復帰45年を迎えるのを前に、琉球新報が実施した世論調査では、復帰して「とても良かった」と「どちらかと言えば良かった」との回答は計75・5％に上り、高く評価する割合が高かった。ただ、5年前の前回調査よりも4・5％低下している。

日本復帰は本当に良かったのか――。政府による辺野古新基地建設の強行を目の当たりにし、わずかながらも、そんな意識が強まっているように思える。

日本復帰をどう位置付け、評価するかは、沖縄のアイデンティティーを問うときに避けて通れない問題だ。反復され続けてきた沖縄のアイデンティティーへの問いには、日本復帰とは何だったのかという問題が絶えず横たわっている。

この問いに正面から答えることが、本書のテーマである。沖縄のアイデンティティーを捉える試みは、日本という近代国民国家と琉球／沖縄との関係を問うことでもある。その意味で、1972年の「日れば、沖縄人にとって、この出来事が、いかなる意味を持っていたかが見えてこない。日本と沖縄の長い歴史的関係を基に捉えなけ本復帰」は大きな端緒というべき政治イベントだった。

✦近代国民国家の形成

本書が重視するのは、その長い歴史である。沖縄のアイデンティティーの形成は、「国民」の生成・維持という日本の近代国民国家の形成と深く関わっているという視座を基本にしている。「日本国民」「日本人」「日本文化」「沖縄人」「沖縄文化」。これらのタームを歴史的構築物と捉えている。それは別々に存在するのではなく、例えば「日本人」と「沖縄人」ならば、お互いに規定し合う対照的な関係において成立している。重視するのは、それらを成立させる歴史である。日本という近代国民国家の形成やメカニズムと、どう関わっているかだ。

すなわち、日本人あるいは日本文化の歴史性を問わずに前提とし、それとは異なる民族あるいは異文化を持ち出しても、日本という近代国民国家自体に含まれる同化的統合や差別的排除のメカニズムを視野に入れなければ、沖縄人がいかなるアイデンティティーを持つ存在で、なぜいまだに「沖縄人」が叫ばなければならないのかが、理解できない。これが本書の基本的な問題意識である。

沖縄人はどのような自他認識を持って、これまでの歴史を歩んできたのか。日本という近代国民国家の形成・存続において「私らうちなーんちゅ」「彼ら／彼女らやまとんちゅ」という自他認識が、いかなるメカニズムの下で、どのような場で生じ、いかなる局面において「民族なるもの」として立ち現れてきたか。本書の問いはそこにある。これを解くため、近代性との関わりから文化的差異化が生じるメカニズムを、よりダイナミックな集団関係の文脈／状況（ｃｏｎｔｅｘｔ）で捉え、それがいかに機能するか（しているか）を見定めることを重視している。

✦民衆運動と歴史認識

この視座から、沖縄の歴史をひもといていく上で、重要なポイントが二つある。

第一に、長期的な視座から見ると、沖縄は大国のはざまで揺れ、「いったい、われわれは何者なのか」を反復的に問うてきた歴史がある。日本との関係で見ると、併合—分離—統合というプロセスをたどった。具体的には、独立国だった琉球は１６０９年に薩摩藩に侵攻され、１８７９年には明治政府によって併合された。その後、沖縄戦を経て１９５２年のサンフランシスコ講和条約発効によって日本から切り離され、米国の統治下に編入される。そして１９７２年に日本に「復帰」する。この一連のプロセスにおいて三つの民衆運動が存在した。

一つ目は、「琉球処分」と呼ばれる暴力的併合から沖縄戦に至る近代史において、「日本国民になる」ことを徹底する沖縄の人々の自発的な運動である。それは「立派な日本人として死ぬ」という言葉に象徴されるように、沖縄戦における住民の戦場動員（参加）という壊滅的な帰結に拍車を掛けた。二つ目は、米国統治期において、「無国籍」状態からの脱却を企て、再び「日本国民になる」ことを目指した「祖国復帰」運動である。三つ目は、日本「復帰」後の米軍基地の整理縮小や撤去を求める運動である。

これらの運動史や政治過程において、現象的には「日本人になる」あるいは「日本国民になる」という志向の連続性が維持されながらも、独立論や自立論も叫ばれてきた。沖縄の帰属やアイデンティティーの歴史には、沖縄人の自己意識において、「引き裂かれた自己」を見いだすことができる。沖縄は国民国家の内なのか、外なのか、「われわれ」は「日本」なのか、そうではないのか――。この自己意識を巡るアンビバレンス（二律背反性）は、近代性が内包するアンビバレンスと重なり合う様相を呈している。

第二のポイントは、日本本土と抗争的関係が深まる度に、その都度喚起されてきた歴史認識である。そこには、沖縄は日米による「二重の植民地」という意識が内在している。戦後の日本復帰運動は、侵入者としての米軍に対して「祖国復帰」の旗印を突き付け、抵抗のシンボルとして「日本人」や「日の丸」を掲げた。しかし日本「復帰」後は、米軍基地集中という差別が沖縄の人々の命や人権を脅かしているという認識から、薩摩侵攻や「琉球処分」、沖縄戦や米国統治という「植民地経験」の過去を呼び起こし、「日本人」としての意識は揺さぶられてきた。

洞察すべきは、「琉球人」あるいは「沖縄人」と「沖縄県民」との歴史的連続性であり、その都度「日本人」あるいは「日本本土」との対立的関係を、どう認識するかである。この視点から、日本や米国といかなる歴史的関係の下で「沖縄人」の自己認識がどう構成され、どのような内容を持つのかを見極める必要がある。

その歴史的関係は、米国の軍事戦略的価値が確認されてきた沖縄にとって、冷戦構造や米軍の世界戦略など世界史的展開と強く結び付いている。

✦沖縄人の〝言霊〟

沖縄人のアイデンティティーを考える上で、沖縄人にとって「日本国民になること（であること）」がいかなる意味を持つのか、そしてその意味はどのように変容してきたかを捉えることが本書の課題である。分析に当たり、沖縄戦後史において重要なターニングポイント（転換点）を、70年前後に見いだしている。転換期までの流れを見るために、まずは主に戦前の歴史において、日本という近代国民国家の形成に「沖縄人」がどのように関わったかを概観する。

その上で、戦後においては「祖国復帰」運動の変容を捉え、その文脈において70年前後に活発化した「祖国復帰」論議を分析する。そこに沖縄人の現在のアイデンティティーを捉える鍵が潜んでいるからだ。

沖縄の戦後史には、圧倒的な米軍の支配の下で日本との分離が決定された後、米軍基地を巡る住民被害が相次ぐ中、沖縄の民衆がアメリカ軍政との対立を深め、大組織を結成し「復帰」を闘う社会運動の歴史がある。着目するのは、「無国籍」状態からの脱却を目指し、市民的権利の獲得へと向かうこの運動体において、「祖国復帰」概念の軸足が変容していくありようである。

そうした文脈（状況）を踏まえつつ、分析の対象の中心に据えるのが、日本復帰を間近に控えた1970年前後の「祖国復帰」論議である。その論議の中で、沖縄の歴史はどう捉えられたかに着目したい。このとき、「日本（人）」とは何か、「沖縄（人）」とは何かが、根本的に問われただけでなく、沖縄の歴史を捉え返し、「沖縄人」の主体性を立ち上げる知的作業が行われた。

この一連の作業の中で、「日本国民になる」ことの意味が問われただけでなく、「日本人」と「沖縄人」の歴史的関係を乗り越えるための新たな意味付けがなされたのである。言説分析（ｄｉｓｃｏｕｒｓｅ　ａｎａｌｙｓｉｓ）を通して、新たに意味付けされた「沖縄人」を描いた上で、その「沖縄人」が復帰後の自立論でどのような役割を担っているのかを追う。

復帰論・反復帰論を取り上げる意義は、その言説内容に沖縄人の〝魂〟を表す言葉が宝石のようにちりばめられていることにもある。その驚きとともに、この〝魂〟は沖縄人が受け継ぐべき要素を含んだ〝言霊〟ではないかとも感じる。

3、差別や排除のメカニズム

✦歴史学者・酒井直樹の文化論

本書のキーワードは「日本国民」「日本人」「沖縄人」である。これらを考えていくに当たり、歴史学者・酒井直樹の文化論を手掛かりにしたい。酒井の文化論は、「日本人」「沖縄人」などの成り立ちを考えるとき、人々の認識は、どのようなメカニズムになっているかについて、示唆に富んだ概念や論理を提供している。

酒井は「民族なるもの」の共同体の表象が、複数の個人間にある、さまざまな文化的関係のありようを、解消してしまうところに注目している。ピラミッドのような序列関係を含んだ自他認識が差別を生むのならば、そのステレオタイプ（偏見）に対し、「偏見だ。間違っている」と批判するだけで事が足りるのではなく、そうしたステレオタイプ的「思い込み」が、人々の生活においてどのように社会的現実として君臨してしまうのかに焦点を当てている。

彼の文化理論をやや乱暴に単純化すると次のようになる。

個々人は生活の時間の中で、さまざまな実践を繰り広げている。その実践は複数人で共有できる体験（その行動系を文化とする）を有する。例えば、日常で出合っている、車の運転、水泳、テレビゲーム、読書などの行動様式の系は、個々の生活時間の流れとともにパッチ・ワークのように併存している。個々は、例えば、泳げる者同士は、水泳の体験を共有できても、その両者が、一転して車の運転をできるか、できないかによって、共有できないこともある。

このように、例えばAさんとBさんとは、共有できる文化とできない文化が存在する。車の運転は共有できても、水泳は共有できない場合がある。この共有できない体験＝文化を「非共約性」と呼ぼう。個々人の関係はこうした非共約的関係を必ず含んでいる。逆に言えば、水泳や車の運転といった文化は、民族や国家を容易に横断して広がっているので、言語や慣習の違いのいかんに関わらず、外国人あるいは他民族と水泳や車の運転という文化を共有しうる。

✦文化主義

しかし問題は、このようにパッチ・ワークのように広がる文化が、二つの共同体の表象、例えば「日本人」（「日本文化」）と、「西欧人」（「西欧文化」）の下では、均質化されてしまうところにある。酒井は「日本にある諸々の文化の雑然とした集合という意味での日本文化は容認できても、日本人の本来性を担うような有機的統一体としての日本文化は存在しない」と指摘する。彼は、共同体内にある無数の文化的非共約性を無視して文化的非共約性を共同体の外部との境界にのみ見ようとする捉え方を、批判的意味を込めて「文化主義」と呼んでいる。この文化主義は、個々の関係が有する非共約性＝文化的差異を、「日本人」と「西欧人」のような、あらかじめ前提とした二つの共同体間の違いに置き換えてしまうことが問題だという。

酒井が言う実践系としての文化は、日本やヨーロッパなどの地域を指す共同体の内部に、共有できないもの（＝差異）を含んで無数に存在する。その文化的差異は、それぞれの共同体内部に、さまざまな実践に伴って多く混在しているのである。文化主義は、その様態を無視し、「本来の日本文化」あるいは「本来の西欧文化」があたかも存在するかのような認識を基に共同体の文化を表現する。

逆に共同体の外部に目を向けると、それらの共同体の境界を越えて広がる一般性の高い文化もある。例えば、言語の文法や絵画の画法といった一定の規則である。文法の違いや画法の違いは、文法や画法という共同体を超えた次元である一般性の違いであるにもかかわらず、文化主義は、「日本文化」とそれ以外の共同体の文化の違いであるかのように、共同体間の差異に還元してしまう。

例えば、日本で今、中国からの観光客に人気という和服を取り上げよう。日本の着物は歴史をたどると、中国の漢服の影響を受けたとされる。

「民族衣装」とされる伝統的な衣装であっても、着物風というくくりでみれば、日本だけでなく中国大陸でも広がっている。衣装の形など共通点も多い。一方、共同体内部に目を向けると、日本や中国の伝統とは言っても、それぞれの国内で、形や帯など異なる特徴を持つ衣装がある。

しかし文化主義は、こうした国内における衣装の特徴の違いや、国境を越えて広がる衣装文化の一般性（共通性）には着目せず、例えば「和服」と「漢服」のような、「日本の衣装」と「中国の衣装」という、共同体間の文化の違いとして説明しようとする。中国観光客の中には「和服は日本固有の民族衣装である」と説明されると、違和感を覚える人もいるだろう。「漢字は日本の文字です」と言われているような感覚である。

すなわち、文化主義は、共同体の境界を越えて広がる共通の文化における異なる要素を、全て日本文化とそれ以外の文化として説明してしまうのである。

なぜなら文化主義においては、「日本文化」「西欧文化」「中国文化」など「本来的文化」の存在が前提となっており、そうした文化の存在自体を疑わないからである。従って、あらかじめそれらを主語にして、さまざまな文化的差異＝非共約性を二つの共同体の文化の違いとして表現する。

例えば「日本文化」という主語があらかじめ主題として設定されてしまっているために、「日本文化」なるものがそもそも存在するという想定それ自体を問題視できなくなる。

また、「日本文化」など属性が述べられている主語が単一に設定されているので、論理上、日本文化は均質でなければならなくなる。なぜなら「日本文化」という表現は、日本という共同体の構成員が共有していること、あるいは共有しうることが前提とされているからだ。

先に述べたように、日本という共同体内部にある、車の運転や水泳などの実践系としての文化が、人によって共有できない場合もある。しかし文化主義は、その非共約性＝差異を無視して、あらかじめその差異を排除した表現で共同体の文化を語る。日本という共同体内部で「日本文化」は均質に存在することを前提に説明するからである。

日本文化は均質であるという記述が妥当であるかのように見えるのは、このように、不均質なものとして日本文化を見る見方があらかじめ論理的に排除されてしまっているからである。また、不均質性をあえて言うとすれば、それは日本社会内に存在する別の民族文化、例えば沖縄文化とか朝鮮文化という別の均質な文化を持ち出す以外に手がなくなってしまう。従って文化主義の視座からは、文化の不均質性は民族文化の併存としてしか理解できなくなってしまう。

✦逸脱としての「他者」

こう考えると、アイヌ文化や朝鮮文化などの存在を根拠に、「日本は単一民族国家ではない」と批判してきた多くの「日本単一民族社会説批判」が文化主義に陥っていることが分かる。

酒井が主張する、こうした文化主義の仕組みを見抜くことが、人種や民族の差別の問題において重要なのは、その仕組みが「均質志向社会性」と結びつく点にある。「均質志向社会性」とは、個々人相互に期待される行為が、矛盾無く遂行されうるという社会観である。そこには体系的に整序された社会関係が「前提」として構想されている。個々人おのおのの行為は「皆、こうあるべき」と期待される制度的な言説として一般化された観念を指している。

この社会観では、母と子、白人と黒人、男性と女性などの諸関係の役割に「従って」行為することがあらかじめ期待された社会的行為において、それらが矛盾なく遂行されうることを予定されてしまっている。

つまり、その諸社会関係の総体における一個人には、「本来あるべき自己」がインプットされており、「母でなければならない」あるいは「白人でなければならない」という間柄の命令系が暗黙に了解されているような社会観である。

そのような社会では、間柄における挫折可能性は非本来的なものとして捉えられ、個人の積極的役割遂行が期待されてしまい、そこから外れる行為は「逸脱」あるいは「失敗」としてしか与えられないことになる。

しかし、酒井が強調するように、全ての「私」がその人自身に、そして一定の社会関係を結んでいる相手との間柄に対して期待通りに役割を遂行できるとは限らない。その「逸脱」や「失敗」の領域は、「私」に対する「他者」であるという。ここで言う「他者」とは、人が「私」の期待通りの「ひと」であってくれることは決してない「ずれ」の領域である。その意味で、「私」の実践的行為は、本来的に期待された行為で成り立つ「社会」や「文化」にまるまる包摂されない。

文化主義的な文化観は均質志向社会性と結びつく。つまりこの他者性の問題に直面しない。その一つの理由は、文化主義が社会性を「共通のものを持つこと」「同意すること」「同じであること」「同一化すること」「共感すること」の中にのみ求め、「差異があること」「異質であること」「伝達できないこと」を、社会性にとってはあってはならない事態として見逃す点にあるという。そうすると不可避的に、親密で共感と同意のみでできた原初的な共同体のイメージを創り出してしまうのである。

✦価値の二分法

実は、この他者性が日常どう処理されるかが、排除や差別の問題を考えるとき、重要な論点になる。役割期待に従うという社会的規範に基づいて、規範適合的（道徳的）自己を組み立てていく日常の実践が、理性、清潔、勤勉、文明などのプラス・イメージと、狂気、臭いもの、汚いもの、怠惰、野蛮などのマイナス・イメージという二分法的な社会的価値に媒介されるとき、「ずれ」や「逸脱」の領域である自己内部の他者性は、実体化された他者（私と間柄を結ぶ他人）に容易に投射されてしまう。

社会の模範（調和的規範）であろうとする「私」は、自己を社会的価値において高めるために自己内部の「負の異物」を外部化し、他者へのイメージを実体として創り上げることで、ナルシシスティック（自己愛的）な自己像を打ち立ててしまうのである。このときイメージとして動員される「他者」こそ、自己確認のために「創り出された他者」なのだ。それは容易に偏見や差別と結び付く。

自己／他者の関係性を序列的に設定し、見る側／見られる側の関係に再置・封じ込めてしまうという論点は、フランスの哲学者M・フーコーとパレスチナ系アメリカ人の文学研究者E・サイードが、それぞれ「近代」、「西洋なるもの」を中心に考える言説を解体し、再構築（脱構築）しようとした歴史叙述において骨格をなす論理である。文化主義にはらまれる均質志向の言説メカニズムと、人々に連体の実感をもたらす規範的仕組みは、「異質な他者」との出会いの瞬間に構成される、このような自己像および自己内部の他者性の行方の問題として議論されねばならないのである。

この議論を応用すれば、「日本人」と「沖縄人」が日本の近代化とともに生成してきた歴史を考えるとき、「西洋化すべし」という命令系を実践していくプロセスの中で、「西洋化できない」臨界領域に他者性を発見し、それを「日本人性」として形象化していった近代日本史における歴史的表象の中の「西洋人」と「日本人」の関係性と同じように、「やまと化すべし」という命令系において「日本人になりたくてもなりきれない」(西銘知事)領域に「沖縄の心」=「沖縄人性」を発見していった沖縄の人々が議論の対象になる。この「沖縄人性」は、沖縄の近代性の深部をなす「他者性」の問題として捉えうる。

4、戦前における「日本人」と「沖縄人」

✦沖縄人が「日本人になる」ということ

明治以降の日本という国民国家の形成は、沖縄にとってどのような意味を帯びていたのだろうか。単純化していえば、近代化という大きな潮流は、沖縄にとって、その下で自らの存在を規定していった過程でもあった。沖縄の近代史には、「日本人」という均質志向社会性が演出されていったプロセスが読み取れる。近代沖縄の歴史的経緯に基づいて、その演出を追ってみよう。

近世においてすでに薩摩藩によって侵略されていた琉球王国は、1872年から79年にかけて、明治政府の圧力と最終的には武力を背景にした併合により、近代日本国民国家への領土的統合が完了した。1898年には徴兵制が施行され、1921年には制度的同質化がほぼ終わり、琉球は名実ともに沖縄県となる。

沖縄の近代化に関しては、「内国植民地」と位置付けられるなど、本土への従属的関係によって近代化が遅れたことが指摘されてきた。中でも注目したいのは、沖縄人が「日本人になる」ということを、沖縄が近代化するための生活実践の問題として論じた、歴史社会学者の冨山一郎の議論である。

冨山は沖縄の近代史を捉える視座として、「市民（良民）」＝「国民（臣民）」＝「日本人（大和人）」の癒着《ゆちゃく》の構図を設定し、その観念が、人々の生活実践の隅々まで浸透していくありようを捉えている。その構図を観念する生活実践の中で、「沖縄人」は払しょくされるべき烙印あるいは標識として機能したというものだ。

具体的には、1920年以降、ソテツ地獄期と呼ばれる、糖価の暴落を起因とした経済の崩壊により、沖縄からの急激な人口流出を招き、本土社会とミクロネシアに労働者として吸収されていく過程を分析している。その分析により、近代工業部門と植民地農業の労働者として資本主義社会に包摂されていく、その中に労働能力判定の標識として「日本人」と「沖縄人」の序列的関係を捉えている。

そのプロセスにおいて、「日本人」と「沖縄人」は、単純な二項対立的関係にあるのではなく、「日本人になる」という主体の関与の下で、一方は目指すべきものとして設定され、もう一方は治療や矯正の対象とされる。このような力のベクトルが作用する実践に人間がはまり込んでいく姿を歴史に見いだしている。

歴史に見いだせる、この「日本人」と「沖縄人」両者の関係性は、「文明人」対「未開人」という位階序列的関係に置き換えられ、「沖縄人」であることが宿命性と道徳的犯罪性を同時に刻印し、「日本人になる」というプロセスが、生活実践の中に身体的剥奪を伴った営みとして深く食い込んでいく。「日本人」と「沖縄人」という対―形象化された共同体表象は、生活の細部を規定していくカテゴリーとして作用するようになっていった。

✦生活改善運動

冨山が議論したように、差別的レッテルとして機能した「沖縄人」は、沖縄近代史のさまざまな分野における生活実践に事例を見ることができる。

例えば、明治30年代、学校を中心に地域組織を巻き込んで展開された風俗改良運動では、「方言」（琉球諸語）や毛遊《もうあし》び、豚便所《フールー》や裸足などの不衛生面、馬酒、三線のうたいから、はじち（刺青）に至るまで「野蛮」の象徴であるとして禁止された。女子の服装や儀式・婚礼の改革も行われた。その時代は、本土との制度的同質化が落ち着き始めた頃で、沖縄の指導者層は本土との同化推進に力を入れるようになっていた。沖縄の人々が「『一種異様の民族』と思われないためにも、『風俗を革新し、以て国家の統一を図る』必要がある」という観念の下で、風俗改良が推進されたのである（風俗改良については儀間園子、野村浩也、ましこひでのりら多くの論考がある）。

この運動は、日本への同化が、沖縄の近代化として理解され、学校だけでなく、行政組織、村落共同体、家庭まで運動の担い手として動員した「自発的」キャンペーンだった。風俗改良の趣旨は二つあった。一つは、服装改革のように「大和風」に改めることで、もう一つは後進性を改めることだった。「琉球王国時代までの風俗」＝「沖縄的なもの」＝「後進的なもの」とみなされていたのである。

　こうした運動は、昭和の時代に至っては、より強化される。昭和10年代、第2次近衛内閣の「新体制運動」の一環として、大政翼賛会が発足し、政治・経済・教育・文化の領域にわたって国民統制が強化される中、沖縄では生活改善運動が展開される。沖縄文化のうち、抑圧の対象となったのは、「方言」(琉球諸語)、琉装、墓地、姓名、ユタ、演劇などだった。中でも「方言」に関しては、撲滅を目指した「標準語奨励運動」として、沖縄県の教育行政を中心に、精力的に推進された。

　この運動は、1940年には、日本民藝協会の柳宗悦《やなぎむねよし》を中心に、多くの本土知識人を巻き込んで「方言論争」に発展し、県当局の同化主義が沖縄文化固有の価値を失うものであるとして批判された。しかし、当時の県民にとって、標準語の奨励は、移民地の生活や軍隊生活の必要から、一層強く要請されるようになっていた。これを背景に「沖縄語撲滅」は沖縄の人々自ら積極的に推し進められたのである。

　このように、近代化と同化が結びつく生活実践の場では、沖縄の「固有文化的価値」よりも

沖縄の学校現場で，子どもたちの相互監視に用いられた「方言札」。沖縄のことばを話した人が首から札を下げ、次に沖縄のことばを話した人を探して札を渡すもので、最後に首にかけている子が罰を受けた

「生活の必要」を優先する動機付けが強く働いていたのである。冨山はこう指摘する。

「生活改善を構成するのは、日常生活の具体的指摘だけではない。そこには、『清潔―不潔』、『健康―病気』、『科学―因習』、『進んだ生活―遅れた生活』、『富者―貧民』といった二文法的な価値規範が存在している。そして、改善すべき諸項目は、『不潔』、『病気』、『因習』、『遅れた』といった負の価値を示すものとして、逆にその改善は、『清潔』、『健康』、『進んだ』などの正の価値の証しとして設定されているのである」（冨山「忘却の共同体と戦場の記憶―『日本人』になるということ」『日本寄せ場』6号）

冨山は、生活改善により演出された生活の中に「日本人」化と「良民」化という二つのベクトルが癒着している場を見いだし、こう強調する。

「ナショナリティーと癒着しない『良民』で構成される社会は存在しない」

冨山が指摘したいのは、「市民（良民）」＝「国民（臣民）」＝「日本人（大和人）」が癒着するベクトルの場で、「沖縄人」が排除され続けるプロセスである。「沖縄人」という標識は、沖縄の近代化が推進される中で、生活や身体の規律化を「恫喝《どうかつ》」と「監視」によって促すレッテルとして機能したということだ。

✦規律から軍律へ

生活改善は、1945年の沖縄戦における戦場へとつながっていった。冨山は、住民の戦場への動員は、生活改善という平時の規律を軍律へと移行させたとする。沖縄戦当時、沖縄の軍政を担った第

32軍の「沖縄防備対策」は、沖縄県民を、「普通語」「衛生思想」「一般的風俗」など「文化程度の低き」者と見ており、「盗癖」「向上発展の気概なし」など、信頼のおけない他者としてみなしていたことがうかがえる（石原昌家「沖縄戦の全体像解明に関する研究Ⅰ、Ⅱ」沖縄国際大学『文学部紀要』参照）。特にスパイ対策に当たって、沖縄語が重要な指標として採用されたのは注目に値する。このことは、日々の規律の標識と同様、「沖縄人」性がスパイの標識として烙印《らくいん》を押されたことを意味している。

さらに、軍律を徹底させる役割を担う在郷軍人が、生活改善運動の高学歴指導者から起用され、住民の戦力化の先導役を担ったことも留意すべきだろう。

こうして日本軍による住民の戦場動員は、それまでの生活改善運動における「日本人になる」という実践と連続性を保ちながら準備された。

冨山は、戦場動員は軍事的要請に基づいて軍によって強引に推し進められただけでなく、平時の心性と共鳴しつつ進行したとする。日々の規律から軍律への移行では、生活改善運動における「道徳的犯罪者」が「スパイ」に読み替えられ、沖縄語という「沖縄人」性は死への道標の一つとなっていった。

ただ、平時の規律と戦場の軍律が決定的に異なるのは、軍律は「死」への動員でもあるという点だ。「立派な日本人として死ぬ」ことを選び、「集団自決」（強制集団死）を遂げた県民がいた一方、軍律に背く県民もいたのである。

米軍に投降していく日本兵の姿を見て、収容所の多くの沖縄住民が、軍律を押し付けてきた日本兵に対して恨みや反発を口にした。それは、単にこれまで監視・規律化されてきたものが一気に吹き出したというよりも、日本兵という他者に対する怒りと、「立派な日本人になる」という生活実践を積み上げてきた過去の自己に対する激しい反省を伴った「悔恨」といえるものだ。近代化のプロセスにおいて「沖縄人」性を自ら払しょくしようとしてきたことへの執着と反省、そして日本軍への「恨み」がそこにはある。この「悔恨」が、戦後、沖縄の人々のトラウマ（心的外傷）として残ることになる。

✦「同化」とは

このように、歴史の進歩を観念する「近代化」というプロセスは、沖縄においては、「日本人」と「沖縄人」という共同体表象を巡る幻視と実践の過程でもあった。それは「同化」と呼ばれるプロセスにおいて進行した。ただ「同化」とは、単に「違うものが同じになること」ではない。まずは「われわれ～人」と「彼／彼女ら～人」という対—形象化された図式を枠取る条件が整っていなければならない。その条件とは、ナルシシスティックな自己像を組み立てるために他者を必要とする「均質志向社会性」の現出である。「同化」の志向性やその実践には、それを演出する機制（仕組み）も伴う。

酒井によれば「同化」は、日常の実践系の下で理解されねばならないプロセスであり、「女は『女らしく』、学生は『学生らしく』臨機応変に行動することを予定した期待の体系に沿って自らの欲望を生み出すこと」（酒井他編『ナショナリティの脱構築』柏書房）と考えねばならない。

そこには「進歩」を観念するような「近代性」が生む命令系の連鎖が常に存在する。その中で構築される「日本人」／「沖縄人」という対形象は、文化主義的な共同体表象として機能し、日常生活の実践において、一方は「目指すべきもの」、他方は「払しょくすべきもの」へと序列的価値を与えられていく。その価値は、人々の実践においてリアリティー（現実性）を獲得する。言い換えれば、二つの共同体表象は、日常の実践のかじ取りを行いながら「同化」の命令系を達成させようとする、ある種の道徳的規範として作動していたのだ。

✦「日本人」を実感する装置

つまり、沖縄における「同化」のプロセスは、「あるべき日本国民」という共同体表象に基づく規範が強制的、抑圧的、あるいはイデオロギー注入的に遂行されたというよりも、その表象が社会的現実性を帯びた道徳的規範として常に主導権を握り、人々を取り込んでいった過程であったのだ。しかもこのプロセスは共同体の表象の問題だけでなく、M・フーコーが議論したように、主に教育や労働の場において、言語、慣習、服装、遊び、振る舞いなど、日常的実践の隅々から身体性のレベルに至るまで、監視と恫喝を伴うものでもあった。

こうした論理から引き出せる、近代日本における「国民的主体」の構築とは、「日本人」の形成と同時に「非日本人」＝「非国民」＝「非市民」を、すなわち、その一つである「沖縄人」を、「進歩的近代」とは逆の負のイメージを付与し枠取りつつ、同時に産出していくプロセスでもあった(冨山「国民の誕生と『日本人種』」『思想』８４５号)。

この過程の中に、「国民」という共同体を巡る制度化された言説編成と日常の生活実践が、「均質志向社会性」に染められていく姿を見いださねばならない。つまり、言語や慣習など身体性を帯びた文化は、「開化」と「未開」、あるいは「近代」と「非近代」といったような位階序列的な文化空間へと測定・分類・配置されてゆき、のっぺらぼうな「われわれ日本人」が実感されるための、従って「国民」としてのアイデンティティーが確保されるための文化装置が整っていった姿である。

「日本人」と「沖縄人」の関係性は、「市民（良民）」＝「国民（臣民）」＝「日本人（大和人）」という共同体表象の癒着の構図を観念する実践が遂行される場において、見いだしていかなければならないのである。

5、アイデンティティーの自覚

✦文化的種差

ここで再び酒井の文化主義批判の議論を取り上げよう。彼の議論に従えば、文化主義とは、共同体内にある無数の文化的非共約性を無視し、文化的非共約性を共同体の外部との境界にのみ見ようとする捉え方であった（27ページ参照）。この文化主義は、個々の関係が有する非共約性＝文化的差異を、あらかじめ前提とした二つの共同体間の違いに置き換えてしまうことが問題だった。文化主義の仕組みを見抜くことが人種や民族の差別の問題において重要なのは、その仕組みが「均質志向社会性」と結びつく点にあった。この文化主義における「民族なるもの」の次元を酒井は「文化的種差」と呼んでいる。

酒井は個人／文化的種差／人類的世界、これら三者の弁証法的な関係性を重視する。この個／種／類の3者の関係は、個人が人類において存在し、なおかつその部分的な社会集団の成員でもあるという意味で、「種」のアイデンティティーは、他の種との差異（種差）において決まる。
この三者が弁証法的関係を作動させるのは、個人にとって民族などの「種」が抑圧・強制的な存在として認識されるときであるという。それまで空気のように知覚されなかった「種」が、認識の対象となり、自己の帰属意識を呼び起こすのは、個と種が抗争的関係にあるからだと指摘する。個人にとって「民族」などの種がこだわりとなるのは、個の種に対する否定性を経ることが前提というのだ。いささか抽象的だが、この抗争的関係の弁証法は、動態的なアイデンティティーを捉える上で重要な鍵を握る。彼はこう述べる。
「否定性を通じて、個は、種を一つの特殊性と見いだす。つまり、それまで個にとって無規定な普遍性であった種の掟は、他の種では通用しない、この種にのみ特有の掟として相対化される」（酒井「種的同一性と文化的差異―主体と基体をめぐって」『批評空間』Ⅱ―4）
すなわち、当初は自覚されなかった種が、他の種との抗争的関係を通じて、自他の種を一度は対象化し、自己否定を通じて、それまで個が引き受けてきた過去からの遺産に対して自らを引き離し、自らを反照することで個は種の帰属を認知するというのだ。

✦自己否定の弁証法

この抗争的関係は二つの次元がある。個と種、そして種と種の間である。自分がどの種（民族）に所属するか、他の種との関係で主題にしうるのは、種の次元よりも高い位階にある「類」に訴えることによってであるという。こうした関係性を次のように説明している。

「私がこの共同体に帰属するという自覚を持ちうるのは、私が人種区別を承認する共同体によって与えられた掟を拒絶し、共同体を変えてゆこうとして人間の平等という共同体によっては承認されない共同体を超越した原則の権威に訴えるときであって、共同体を超えるこの権威こそ『類』にほかならない」（酒井、前掲書）

個と種の抗争的関係が起こると、自己否定を通じて「種」が問題化されるわけだが、その際に個が構想する社会とは、「人間の平等」など種を超越した類的世界である。例えば1950年代、公営バスで運転手の命令に背き、白人に席を譲らなかった黒人女性が人種分離法違反の容疑で逮捕されたのをきっかけに起きた公民権運動が挙げられる。運動は、アメリカ合衆国市民（公民）として法律上平等な地位を獲得することが目的だった。「法の下の平等」という普遍的理念に訴えたのだ。

この論理展開をもう少し具体的に考えてみよう。この個／種／類の弁証法は、個人、民族、国民、市民といった概念の関係性を考える上で示唆に富んでいる。

民族の自覚は、対立的な社会関係における個人の自覚とその否定性に関わっており、民族間の否定性は、無数にある文化の相違のどの種差をもって自分の帰属する民族の規定とするかにかかっている。その規定は、敵対的な民族、あるいは他者としての民族との比較においてのみ、成立する。そのような別の民族がいなければ、民族は自らを他の民族と弁別できないのである。

一方、国家は、自由や平等、人権などの普遍的理念を、例えば憲法などで定めている。個人はそうした理念に訴えることで、市民としての主体となれる。自身の所属する民族が国家内で差別された存在であると個人が自覚した場合、そうした憲法などを引いて「平等」を訴えることをするだろう。そのプロセスにおいて自覚されるのは、個人自身の被差別者としての自己と、差別を否定するために「平等」という普遍的理念に訴え、「共生社会」の実現を構想する自己、そんな二つの自己である。

✦市民とは誰か

思想家E・バリバールはそんな自己像を持つ「市民主体」に注目する。市民主体とは、普遍的価値を享受する権利上の主体と考えており、その主体は「人は生まれながらに平等」といった理念を実現させる、象徴性の高い、形式的に民主化された「社会」を想像的に創出する役割を担う。「市民とは主体である、市民はつねに推定上の主体（権利上の主体、心理学的主体、超越論的主観）である」（バリバール、松葉祥一訳「市民主体」『批評空間』Ⅱ―6）

バリバールは、18世紀のフランス革命に「市民」概念の転換をみる。それまで帝国の命令系の下にあった「臣民」という意味の市民は止揚され、「臣民」を乗り越える理想化された推定上の「市民」を誕生させたとする。

「市民を君主の臣民から根本的に区別するのは、市民が意志形成に参加する点であり、決定を実施する点である。すなわち、市民が立法者であり、行政官だという事実である」（前掲書）

市民が君主の臣民と区別されるのは、市民が主権者になったからである。そこに新しい市民権の姿がある。バリバールはこの歴史的な新たな展開を「市民主体―生成」と呼ぶ。

彼は、「誰が市民か」（あるいは「誰と誰が市民か」）ではなく、「市民とは誰か」という問いの反復に、市民主体の根源的な可能性を見いだしている。「誰が市民か」という問いは「政治の道徳化＝人間化

（排除の論理）」を引き起こす契機になり得る。すなわち「非市民」を創出する力が作用する場でナルシシスティック（自己愛的）な自己を現出させてしまう契機となる。M・フーコーの権力論の「主体」の論理における自己像である。

これに対し、「市民とは誰か」という問いは、能動的に平等原理を実質化していこうとする主体を生み出すとする。「市民」は権利上の主体のような常に「推定上の主体」であるからだ。それは時には社会に対し、既存の「不平等」への破壊と、「実質的平等」の創造を生む主体となる。「市民」は自由や平等など、あらゆる自然権を持つ。その主体は、未来に向かって自身が変わる可能性を投げ掛けていく主体であり、普遍的理念を追い求めるという意味で、象徴性や形式性の高い主体であるのだ。

マイノリティーが危機的状況に置かれたとき、差別的状況の告発と平等の理念を何度も問い続け、その危機を乗り越える実践に取り組む際には、そうした市民主体の資格を持った自己を自覚する経験が基になる。バリバールは、「誰が市民か」という問いのような、位階序列的なレッテル貼りによる排除のメカニズムが作動してしまうような実践系と、「市民とは誰か」というような、市民主体を追求する実践系との間の緊張的、対立的な関係の領域に政治を設定する。

この矛盾した流動的関係が複合しながら歴史的影響を及ぼすプロセスに、「市民主体―生成」による市民の主体化の政治を見ようとする。

✦「近代」の二つの顔

こうした実践系の二重性に着目したとき、「国民である」ということの二重性が浮かび上がる。それはある種、「近代」を時代区分としてではなく、一般性の高い抽象的概念としての「近代性」と捉えたときに浮かび上がる二重性である。一つの側面は、例えば「人間性」（ヒューマニズム）といった、一見、普遍的価値の体現であるような概念を基に、「非人間性」＝「野蛮」「後進的」「未開」といった位階序列的な価値基準で人々を差別するような「近代性」。もう一つの側面は、そうした差別に対し、フランス革命以来、人々が世界で共有しようと努めてきた「自由、平等、博愛」、あるいは「共生、平和、人権」などといった象徴性や形式性の高い普遍的価値をうたった理想としての「近代性」である。

これら二つの側面は矛盾に満ちており、常に対立的、抗争的関係を引き起こす。「国民であること」の意味にも、こうした対立的抗争的な二重性が常にはらまれている。そう考えると、「国民である」ということは、国民国家が「平等」「人権保障」などの普遍的価値を憲法などで規定している限り、種差の認知を呼び起こす契機を含んでおり、その意味で、そもそも国民国家は、いわゆる「多民族国家」としてしか構想することができない。

それればかりか、国家内における種差としての民族が「市民主体」を立ち上げようとするとき、「平等」や「人権」が国家内で脅かされ、現状打開の見通しが立たなければ、国家的な境界さえも飛び越える論理的契機を含んでいるのである。そう考えると、国民を一つの民族と等値する場合の「民族」の概念は、ますますその自明性を失う。日本が「単一民族」であることが「神話」であるゆえんである。

国家に所属することで「国民であること」に含まれる、個が市民主体として「主体化」する契機には、当初は自覚されなかった種が、他の種との抗争的関係を通じて、自他の種を一度は対象化し、自己否定を通じて、それまで個が引き受けてきた過去からの遺産に対して自らを引き離し、自らを反照することで個は種の帰属を認知するという、個の種との抗争関係を呼び起こす契機もはらんでいる。ところが「単一民族国家」や「本当の日本人」などといった発想には、こうした個人の市民主体としての実践や、これまで引き受けざるを得なかった「民族」を問題視し、「自己否定」を通じて「民族」の自覚に至る個の実践過程は視野に入っていない。その実践を無視することで、個の実践的時間の排除という認識論的な暴力をもたらし得る。

酒井の言葉を借りれば、「民族であるかぎりの民族には純粋性というものを想定するわけにはいかず、民族の純粋性というような考えを無造作に想定するいわゆる民族主義においては、民族は、個が自ら他者として措定することによって自らを主体として媒介する否定性の運動から切り離され、観念として一人歩きした疎外態にある種としてしか理解することができない」（酒井「種的同一性と文化的差異―主体と基体をめぐって②」『批評空間』Ⅱ―6）のである。

✦共同体の関係をみる鍵

ここで酒井が言う、個が「主体化」を目指す「否定性の運動」という実践に注目しよう。その過程には、種の認知を巡る個の発話行為と「分節化／節合」（以下「分節化」で用語統一／ａｒｔｉｃｕｌａｔｉｏｎ）という実践が存在する。

「分節化」とは、発話行為や表明によって、あることとあることを分析したり結び付けたりすることである。その際の発話は、既存の言語や言説から異質な要素を引きながらも、個人の感性や体験、経験、認識などを言葉に表す行為である。それは、個人が帰属を意識する社会的属性や地位、置かれた状況などによって異なるので、新たな偶発的な意味の結合を生み出す営みでもある。

この営みは、個人が自身の役割を意識して、どのようなアイデンティティーを構成するのか、そして、その意識化や言語化を通して他者や社会との関係をどう構築・再構築するかを知る上で鍵となる。

例えば、「私は日本人で男性である。65歳で会社では役員をしている。スマートフォンの普及の影響か、今時の新入社員の考えていることが理解しにくい」という発話があったとしよう。彼は「日本人」「男性」、年齢や「会社役員」といったアイデンティティーを表明している。発話行為を通して「分節化」されたのは、それら異なった意味の要素の結合である。

「日本人」「男性」といった一つひとつの要素は既存の言語で成り立つが、「スマートフォンの普及」などの背景は、その時代の特徴を表し、その状況において「理解しにくい」という否定性を通して言説を生み出している。この発話を受けた「新入社員」は、この表明によって彼に距離を置くかもしれない。あるいは逆に、もっとこの会社役員に自らを理解してもらおうと努力するなど態度を変えるかもしれない。個人の言説は、このように他者や社会との関係を変える要素をはらんでいる。

この例を応用すると、例えば「日本人」や「沖縄人」といったアイデンティティーを考察する際に、誰が、いつ、どのような状況（文脈）で、どんな意味の要素を基に「日本人」や「沖縄人」を表明したか、という分析が重要になってくる。なぜなら、流動的・動態的アイデンティティーを捉え、それがどのような言説、ひいては社会関係を生み出したかを知り得る手掛かりになるからである。

「日本人」「男性」という言説は、過去において「非日本人」として選別され差別の対象にされた

「沖縄人」という権力関係、そして「男性」「女性」の社会的力の不均衡といった問題をはらんでいる。そのような権力関係を背景に、個人の発話行為において、どのように新たな社会関係を生み出すような意味要素の結合の試みがあったかが、重要になる。

こうした発話における分節化という個人の実践に着目することにより、それがどう市民主体として意識化し、意味の分節・節合を通して「民族なるもの」との関係性を変えたり生み出したりしてきたかを抽出することが可能になる。

✦個人の実践の剥奪

あるマイノリティーが危機的状況に陥り、その帰属を自覚した個人が、その状況に対して、どのようなアイデンティティーを表明し、他者との関係をどう位置付けるか。そこに表明された「民族なるもの」の意味こそが問われなければならない。その場合、発話者の経験や位置、置かれた状況や時代的背景などのコンテキスト（ｃｏｎｔｅｘｓｔ＝文脈／状況）に留意しながら分析し、その意味を明らかにしていく必要がある。

この観点から見るとき、そのような個人の実践が剥奪《はくだつ》されてしまうような機制（仕組み）にも注意を払わねばならない。文化的差異を前提に、個人が他者と実践的関係を結ぶ、こうした発話や分節化の過程を無視して文化的差異を、はじめから異文化の出会いとか、一つの文化と別の文化の接触といった空間的比喩に寄りかかって理解してしまうと、文化的差異を文化的種差と同一視してしまう飛躍が生じる。そこにはいつも文化主義や伝統主義の誘惑が潜んでいる。そうした言説の下では、文化的差異は、もっぱら領域的な実体としての一つの種と、別の実体としての種の空間的な出会いとしてしか表象されないのだ。

例えば、アルジェリアの精神分析医で革命家でもあったF・ファノンは、白人植民者による「オリエンタリズム的文化主義」（サイード、板垣雄三訳『オリエンタリズム』平凡社参照）だけでなく、被植民側の土着主義的文化の語りにさえ、抑圧的歴史を回収してしまう機制があることを見抜いていた。このためファノンは哲学者サルトルとの論争の中で、発する言葉を失いながらも、「私は何ものかの潜在性ではない。私は完全に私が現にそれであるところのものである。……私のニグロ意識は欠如として与えられるのではない。それはあるのだ。それ自体に粘着しているのだ」（ファノン、海老坂武他訳『黒い皮膚・白い仮面』みすず書房）という叫びともとれる表現しかしえなかった。彼がそこに「ある」と表明したのは、もはや白人の文化でも、黒人の文化でもない。自己の内部に「粘着する」身体性としか言いようのない「黒人性」という自己内部の「他者」である。

二つの文化の出会いという文化主義や伝統主義の空間的な表象は、個人を基点とする文化的差異や発話行為・分節化の実践を無視し、文化的種差に飛躍的に回収してしまう。例えばファノンが「黒人性」を徹底的に拒否する態度のような自己否定という否定性の実践、それを「私のニグロ意識は欠如として与えられるのではない」と表明する発話と分節化の実践は無視されるのである。

酒井は、この「個人の実践の剥奪」という問題を重視する。個人の出自の種を「文化的種差」と同一化することは、個が自身の「種」への自覚に至るような自己否定の運動を抑圧するものだと批判する。自己否定のない「文化的種差」への同一化は、個による自己否定の運動という時間を否認しているというのだ。民族や国民文化の同一性を、自己否定の契機なしに措定する文化主義や伝統主義は、「必ず、個の種に対する否定性を無視し、個の種に対する自由を否認する結果となるだろう」（酒井、前掲書）と指摘する。

6、「国民」の創出

✦記憶の共有化が本質的要件

ところで、このような文化主義や伝統主義による、個人の実践の剥奪は、「民族なるもの」あるいは「国民なるもの」のような同一性を生み出す基礎ともいえる「過去」（歴史）にも及ぶ。多数的過去あるいは暴力的過去を否認し、均質的な「国民」への同一性を調達するという国民共同体の創出については、フランスの思想家E・ルナンが国民の本質的な存立条件に位置付けた「忘却」という論点が存在する。

ルナンは、国民の本質とは、過去の暴力や侵略を忘却すること、つまり、すべての個人が多くの事柄を共有し、また全員が多くのことを忘れていることとした。民族誌学的な意味での種族や言語、宗教、利害関係、地理などの要素は、国民性にとって本質ではなく、「偉人たちや栄光からなる英雄的な過去」「共に苦しみ、喜び、望んだこと」「人々が過去においてなし、今後もなおなす用意のある犠牲の感情」などの記憶を共有化することこそ、国民や民族の本質的要件と唱えた（ルナン、鵜飼哲訳「国民とは何か?」『批評空間』9号参照)。

ここにみられる「国民」が共有する時間への陶酔的な感傷は、酒井の言う「均質志向社会性」と共鳴する関係にある。

一方、イギリスの歴史家のE・ホブスバウムは、「国民」の創出を「伝統の捏造《ねつぞう》」という視座から捉えた。「知識の基礎あるいは国民(ネーション)、政治国家(ステート)ないし運動のイデオロギーの一部となった歴史は、実際に民衆の記憶に貯えられたものではなく、その役割を担った人々によって選択され、書かれ、描かれ、そして制度化されたもの」(ホブスバウム、前川啓治訳『創られた伝統』紀伊国屋書店)であるとし、儀礼、慣習、建築、祝祭、政治制度などの中に擬人化されたナショナリティー(国民性)を見極めようとする。

ルナンと同様、ホブスバウムも、「国民なるもの」や「民族なるもの」が自然化され、非歴史化された「永遠の共同体」として演出されるプロセスを問題化した。この論点は、資本主義の浸透と印刷技術(例えば新聞や近代小説)の発達による「同じ共同体を同時に想像する機会の拡大」という視座から、「均質な時間」の演出の中に「ネーション」の同一性を見いだした、アメリカの政治学者B・アンダーソンの「想像の共同体」(アンダーソン、白石隆他訳『想像の共同体』リブロポート参照)と分かちがたく結びついている。

✦自然化が隠すもの

これらの議論で注目されるべきは、「国民」あるいは「民族」が創り出されていく過程において、均質な同じ時間を共に生きていることを想像させる共同体の表象が、さまざまな文化的装置を作動させながら、個人の発話や分節化、あるいは市民主体化といった実践を剥奪していくありようである。

そのような個人の実践を剥奪する文化主義や伝統主義は、「民族」を無批判に信じてもいいような宗教であるかのように自然化し、国民や民族の歴史を非歴史化してしまう機制がある。その問題性を酒井はこう指摘する。

「人間にとっての民族・国民・文化といった集団性の範疇《はんちゅう》を、いわば非歴史的な、個によって否定され変更されることのない『人種』のごとき範疇に解釈しなおすことであり、その限りで、民族、国民、文化といった範疇を人種主義的に再構成することを意味」（酒井、前掲書）している。

酒井の文化主義への警戒心は、人種主義と相似の論理構造が残されたまま、それ自体は、例えばアメリカ文化人類学の文化相対主義のように、人種主義批判として正当化されてしまうところへ向けられている。以下の指摘における「人種」は、「文化主義」に置き換え可能である。

「『人種』には歴史性を剥奪した限りの人間の同一性が記入されている。そこには個が自らを否定しつつ自己を超越する運動が全く忘れられている。過去が未来を抑えて動を固定化する。現在の絶対否定がはたらく余地無く時間性が消滅する」（酒井、前掲書）

すなわち、「民族なるもの」という種の共同体空間の演出が問題なのは、一つの種の空間性が、別の種の歴史的過去を捏造するという側面だけでなく、歴史的過去の創出自体が一つの実践である以上、文化主義的な種の表象は、民族や人種という同一性そのものが絶えず作り出されていることを隠蔽《いんぺい》し、その意味で歴史性を拒絶する点である。

酒井は、歴史性を拒絶する種の空間性と、個の実践的時間性との緊張関係に「政治」という領域を設定する。すなわち、「種の空間性は時間性を否定し種の自己否定の脱自的時間性はその空間性を否定する」（酒井、前掲書）

現にある自己を否定し、別のものに生まれ変わる可能性を秘めた「脱自的時間性」を否定することは、個人が生きる、あるいは生き延びる「未来」の剥奪でもあるのだ。この「未来」を奪い返す個人の発話や分節化という実践に、同一性（アイデンティティー）を巡る「政治」が存在する。つまり種の空間性の否定である。

7、「危機」や「欠落」の痛み

✦作家・徐京植の重要な指摘

こうした政治を考えたとき、民族として自らを同一化することの政治性は、「文化的種差」による所与の自然化だけでなく、例えば、沖縄における土地闘争のように、土地の所有を通じて地縁的に存在する所に他の種が侵入し、土地の所有を巡って抗争的な出会いが起こるところで発揮される。やや乱暴な表現を使えば、搾取《さくしゅ》、弾圧、侵略などの抗争のないところでは、「民族」などの同一性＝アイデンティティーが問題となることはないのである。

この観点から、非常に重要で端的な指摘をしているのが、作家・徐京植《ソキョンシク》である。彼は、文化主義の論理と重なる文化的多元主義や文化相対主義に触れつつ、文化や民族を定義するという営み自体が、在日朝鮮人を文化から引き剝がし、文化の「欠落者」たらしめると主張する。

「〈文化〉によって『民族』を認定することと、〈文化〉からの断絶（すなわち『欠落』）をもって個人の民族的所属を否認することとは、実は同じひとつの固定観念に発している。両者はともに〈文化〉を静態的かつア・プリオリなものと捉えるステレオタイプなのである。……帝国主義と植民地支配が無数の人々を〈文化〉から引き剝がした今日、こうした引き裂きの経験は在日朝鮮人だけのものではない。『先進資本主義』——多くの場合、かつての宗主国——に生きる『第三世界人』に共通するものであろう。これらの人々は、普通いわれるように他者の〈文化〉との差異の故にではなく、むしろ、このような引き剝がしと『欠落』の痛みの故にこそ、ア・プリオリな〈文化〉に充填された『国民』や『市民』の群の中に自己を解消してしまうことなく、『われわれ』であり続けるのである。いま求められていることは、これら〈文化〉から引き剝がされた者たち自身の、動態的で創造的な文化観を鍛えることであろう。……ある人々がその民族的所属の故に差別され抑圧されている現実があり、どんな形態であれそれへの抵抗がある以上、たとえ彼らが〈文化〉なき『欠落者』であろうと、そこにこそ文化は表明されるのである」（徐「文化ということ」『思想』８５９号）

✦分節化の実践

文化主義の下で「民族」や「文化」が所与のもの（ア・プリオリ）として語られ、自然化されたまま持続していくケースは少なくない。この状態を酒井は、被抑圧集団が「歴史を問いなおす可能性が失われた状況」と規定し、次のように指摘する。

「過去の民族の起源を遡行的に求める所謂少数民族に多く見られる古代嗜好を、現在における歴史的実践の時間性＝未来が圧殺されている事実、つまり歴史的抗争において敗北した者がその歴史を問いなおす可能性が失われたままの状況のなかで発話し続けなければならない事実、の徴候……と考えざるを得ない。社会編制の中にある差別や過去の歴史の暴力の遺制を否定し、否定することによって自己の歴史的基体を対象化する発話行為に携わり、そうすることによって自己と自己の参与する社会編制を新たに『分節化』し変革する実践の可能性が閉じられているところでは、ひとびとは自らの起源を遡行的に求めることしかできない」（酒井、前掲書）

この指摘にある「歴史を問いなおす可能性が失われたままの状況」を考えたとき、沖縄近代史において強烈な同化政策が推進される中、「琉球処分」という暴力的併合を「忘却」し、「日琉同祖論」をしきりに歴史遡及的に実証しようとした沖縄の土着知識人らの営みが想起される。「民族なるもの」の共同体表象の歴史に政治を発見できるのは、抑圧的・暴力的歴史の「忘却」という時間の剥奪をもたらす支配的歴史の暴力と、自己否定する際に引き出される暴力の歴史との間、その実践的関係の「今」（発話や分節化の瞬間）なのだ。

その意味で、徐が強調する「そこにこそ文化は表明される」という指摘は重要である。徐は、「文化」を、あらかじめ設定された属性なるものではなく、むしろ「文化」や「民族」を定義する営為そのものが、引き剥がしや「欠落」の痛みをもたらすとし、差別や抑圧に対する抵抗において表明されるものと位置付けた。

この「『欠落』の痛み」が共有されたときに「われわれ（＝同一性）」が生じ、ある「民族」の帰属を理由に差別や抑圧があるから「朝鮮人」あるいは「沖縄人」が表明される。重要な点は、その瞬間こそ、「民族なるもの」「文化なるもの」を考える際、起点にしなければならないポイントであるということだ。

本書の課題の一つは、こうしたアイデンティティー表明という実践が遂行された痕跡を、「日本人」と「沖縄人」という関係性を分節化した言説や社会編制の歴史の中に見いだしていくことである。問題にすべきは、どのような状況＝文脈（コンテキスト）で誰が、いつ、誰に対して、どんな要求とともに民族的名称を突き付けたかである。すなわち、「日本人」と「沖縄人」の差別／被差別の関係が、過去の歴史的連続性の主張とともに分節化によって決定された瞬間である。

本書がナショナリティー形成という動態的視点から「沖縄人」カテゴリーの歴史化にこだわるのは、「沖縄人」の意味内容が、いかなる政治的・歴史的状況（コンテキスト）において決定されてきたのかを明確にしたいからだ。

次章からは、コンテキストを記述した上で言説を分析する。言説分析の焦点は、１９７０年前後の日本への復帰論・反復帰論である。そこで表明された「沖縄人」はどのような意味内容を含んでいるのだろうか。また、それがいかに72年の復帰の後の沖縄自立論という政治的言説磁場に転移していったか。これらを明らかにしたい。

II 「祖国復帰」概念の変容

1、沖縄戦後史における「復帰」と「沖縄人」

✦戦後沖縄のナショナリティーを解読する三つのポイント

戦後の沖縄における歴史には、「日本国民になる（である）」ということの意義について確認を繰り返すプロセスが見いだせる。その最大ともいうべき確認作業が、「祖国復帰」論議である。果たして、この論議の場において戦後沖縄の歴史を刻むとき、「日本国民」というナショナリティーは、どのように構成され、その構成と「沖縄（人）」はどう関連したのだろうか。この問題を明らかにするために、戦後沖縄におけるナショナリティーを解読するポイントを三つ設定する。

一つ目は、1950年以降、徐々に盛り上がりを見せていく日本復帰運動の展開と「祖国復帰」概念の変容である。日本復帰運動の展開において「祖国復帰」の意味が問い直される中、その内容の基軸が変容していることは重要だ。冷戦構造の構築、ベトナム戦争という世界情勢の変動を背景に、沖縄における「日本復帰」というナショナリズム運動がデモクラシー的性格を強めていく、まさにその過程で、前述した「市民」＝「国民」＝「日本人」の癒着の構図が新たに分節化される文脈（状況）と、その契機が準備されてゆくのである。人権保障や自治権獲得を要求に掲げる復帰運動は、結果的に「沖縄（人）」という「市民主体」の形式性あるいは象徴性を高めていく役割を担ったのだ。

このプロセスにおいて特に重要なのは、沖縄返還プログラムが確定し、復帰が目の前に迫った1970年前後、沖縄の知識人たちによって「祖国復帰」を根本的に問い直す議論が活発化したことである。これが二つ目のポイントである。「祖国復帰」の再定義は、「沖縄の自立」思想を生み出す知的作業でもあった。この思想に読み取れる主体の論理、すなわち「市民主体化の政治」「分節化の政治」は、どのような様相を帯びていたのだろうか。これを明らかにしたい。

三つ目のポイントは、これらの検討を通して、「沖縄の自立」をいう時の主体性が、「大航海時代の再来」を掲げた経済戦略や「命《ぬち》どぅ宝」を掲げた平和構想・基地政策、定期的に開催されている「世界のウチナーンチュ大会」など、沖縄のアイデンティティーを巡る諸施策に、どのように反映されているのかにある。すなわち、「沖縄の自立」言説が、これらの実践プログラムを支える価値の志向性として、どのように機能しているかを考察することで、「復帰」の再確認作業で分節化された「沖縄人」が実体的に機能している現在的位置を見極めたい。

沖縄のアイデンティティーをテーマに、戦後沖縄史の視点からなされるべきは、近代日本の国家形成過程において「琉球処分」（琉球併合）より刻印され、差別的標識として機能した「沖縄人」という表象（スティグマ＝烙印）が、「祖国復帰」論議の中で新たに分節化されていく政治を発見して、「日本」との新たな社会編制を「再記入」した痕跡を浮きださせ、「沖縄問題」の深部に迫る試みであると考える。

2、なぜ「復帰」か

✦「祖国復帰」概念

戦後沖縄における日本復帰運動は、1950年頃から多くの民衆を組織的に取り込みながら展開し、72年の復帰実現とともに解消した。その運動史は、圧倒的な米軍支配の下で日本との分離が決定された後、米軍基地を巡る住民被害が相次ぐ中、アメリカ軍政との対立関係を深め、巨大な組織へ発展してゆく社会運動の歴史である。

この運動において「祖国復帰」という概念は、どのように変容していったのだろうか。表面的には、一貫して日本ナショナリズム運動に映るこの運動において、「日本復帰」はどのように正当化（正統化）されたのか、そして、その論理はなぜ変容し、日本復帰が決定した後も、なぜ「祖国復帰」が問い直されねばならなかったのか。こうした論点を中心に、70年前後に「祖国復帰」論議が活発化するまでの歴史的文脈を準備する。

日本復帰運動は、冷戦構造の構築からベトナム戦争へと至る世界情勢と密接に関わりながら、主として米軍基地を巡る問題を軸に展開する。米軍による基地建設のための土地の収奪、そして沖縄基地の機能強化、さらにベトナム戦争の泥沼化に至る過程は、反戦運動の高まりを誘発し、戦後沖縄の思想においても、「基地オキナワ」からの「脱却」を目指すことが、大きな課題として扱われている。

この過程において、土地の収奪や基地被害を巡る人権保障の問題が焦点化し、それに加えて、「共生」や「平和」の理念が「反戦」のスローガンの下で登場する。こうした展開を踏まえて「祖国復帰」の意味内容も解読されねばならない。

また、日米関係における沖縄返還交渉という背景も念頭に置かねばならないだろう。72年の復帰直前の沖縄返還問題は、ベトナム戦争勃発以降、米国がアジア戦略の挫折感を深め、対沖縄政策も破綻へ向かう中、日本政府が沖縄政策への影響力を強めていくプロセスにおいて議論されている。この変化に呼応し、復帰運動は、やがて対抗軸を日本政府へ移してゆく。

✦三つの意味

こうした歴史的背景を念頭に置きつつ、「祖国復帰」概念の内容規定を三つのカテゴリーに類型化した。これら三つのカテゴリーは、互いに排他的というよりも、相互に関わりを維持しながら強調点を移していく歴史的カテゴリーとして設定している。

第一の類型は、1950年頃、「祖国復帰」要求が民衆動員を伴う運動として具体化し、さらに「土地問題」を軸に「島ぐるみ闘争」へと発展するまでの期間を主眼に置いたものである。この時期に主張された復帰内容の特徴を「民族主義的復帰」としよう。

第二の類型は、1960年に結成された「沖縄県祖国復帰協議会」という大組織を中心とし、「土地闘争」の教訓を反映した、より具体的で広範に及ぶ自治権や人権の獲得を、主に日本国憲法に求めて企図するものである。これを「憲法復帰」としよう。

第三の類型は、1965年のベトナム戦争の激化を契機に、基地問題が平和問題として浮上し、「復帰」要求がインターナショナルな視野から検討されるようになった時代背景を反映している。その要求を「反戦復帰」としよう。

以下、復帰運動の中で、「祖国復帰」の強調点が移行していく歴史具体的過程を描いていくが、その際、念頭に置いているのは、戦前に構築された「市民（良民）」＝「国民（臣民）」＝「日本人（大和人／やまとんちゅ）」という癒着の構図が脅かされていくありようである。

「祖国復帰」概念の変容を、三つのカテゴリーを設定することにより捉えたいのは、その変容が、「要求の高まり」とともに市民性理念を根源的に問い掛け、その実現要求の性格を帯びていく流れである。この流れが、「日本人」と「沖縄人」の関係を新たに分節化する契機を準備するのである。

そしてついに、1970年前後、沖縄返還プログラムが明確化してきた時期に、復帰論も反復帰論も「日本（人）」対「沖縄（人）」という双方に実体を与える、対抗的な共同体表象を登場させた。「祖国復帰」概念の歴史的帰結を理解するためにも、ここに登場する対―形象化された共同体表象の歴史的意味を的確に分析しうる政治的・歴史的コンテキスト（文脈・状況）が設定されねばならないのである。

【コラム❶】天皇メッセージ／米に自由使用促す

1945年のポツダム宣言や占領初期の米国の対日方針などによると、米国は当初、日本を完全に非武装化・非軍事化する方針だった。しかしその中でも沖縄については、極東戦略の中で日本本土と異なる位置付けをした。特に軍部は沖縄の戦略的地位を重視した。米国領有も辞さない構えで、沖縄を一貫して米国の支配下に置こうとした。

沖縄戦において米軍が沖縄本島に上陸した直後の45年4月3日には沖縄を日本から切り離すことを決める。連合国総司令部（GHQ）は46年1月29日、「沖縄分離」の指令を出す。「沖縄人は日本人とは異なる少数民族」という認識も働いていた。その後、米軍部は、ソ連や中国など共産圏の動きへの警戒を強め、沖縄を軍事拠点として明確に位置付ける。

◇渡りに船

沖縄の分離方針を巡って、米国務省は軍部と鋭く対立した。「領土不拡大の原則」を重視したのだ。この原則は41年に米英が宣言し、43年の米英中によるカイロ宣言で確認され、連合国によるポツダム宣言で履行がうたわれた。国務省は当初、沖縄の早期返還さえ主張した。

しかし、米政府内では、次第にソ連を囲い込む意見が強まっていく。そこに飛び込んできたのが「天皇メッセージ」だった。

「25年から50年、あるいはそれ以上にわたる長期の貸与（リース）」という「擬制（フィクション）」によって沖縄の軍事占領を続けることを求めた内容は、「貸与」という見せかけの下、沖縄を「自由に使ってよい」というものだった。対日政策を巡って混乱していた米政府にとって、提案は〝渡りに船〟だった。

記念撮影する裕仁天皇〈右〉とマッカーサー（1945年9月27日、米国大使公邸）

沖縄を「恒久」的に「軍事の要石」にすることで、ソ連・中国に対抗する政策に一役買いたいという日本側の申し出だと米政府は受け取った。このメッセージが、米国の占領期対日政策を民主化から武装化へと転換させる契機となった――と、研究者から指摘されている。

この考えは、講和に向けた日米交渉の場で具体化される。51年1月、吉田茂首相は講和に際し、沖縄を「バミューダ方式（99年の租借）」で米軍に貸すことを要請文に書き入れるよう西村熊雄条約局長に指示している。

◇ジレンマ

この首相の方針は米側に歓迎され、52年のサンフランシスコ講和条約に反映された。第3条の前半は「もし米国が沖縄を国連の信託統治の下に置くと決めれば、日本はその提案に必ず同意する」という内容だ。領土権を日本に残したまま、米国に「リース」した状態、すなわち日本には「潜在主権」があるというものだ。

しかし、米国は沖縄を信託統治にする提案を行う意思はなかった。実際、国連に提案しても、対立関係にあるソ連が拒否権を行使することが予想された。

そこで、国際的に認められた「信託統治」制度の文言を入れることで国際社会に向けて沖縄への支配を「正当化」しつつ、実際は提案しないことで沖縄を「恒久統治」をする――これが講和条約に込めた米国の意図であった。

3条後半は「米国は沖縄に対し、統治権を全部行使してもいいし、一部行使でもいい」という内容だ。一部行使してもいい、というのは、例えば日本と基地協定を結んで基地に対する施政権だけを行使し、あとの施政権は返してもいい、と解される。

こうした文言に込められた米国の最大の狙いは「基地の自由使用」を担保する「排他的統治権」だった。3条は、それを「正当化」したり、国際社会や日本国民からの批判の目など、さまざまなジレンマを回避したりする策の表れともいえる。

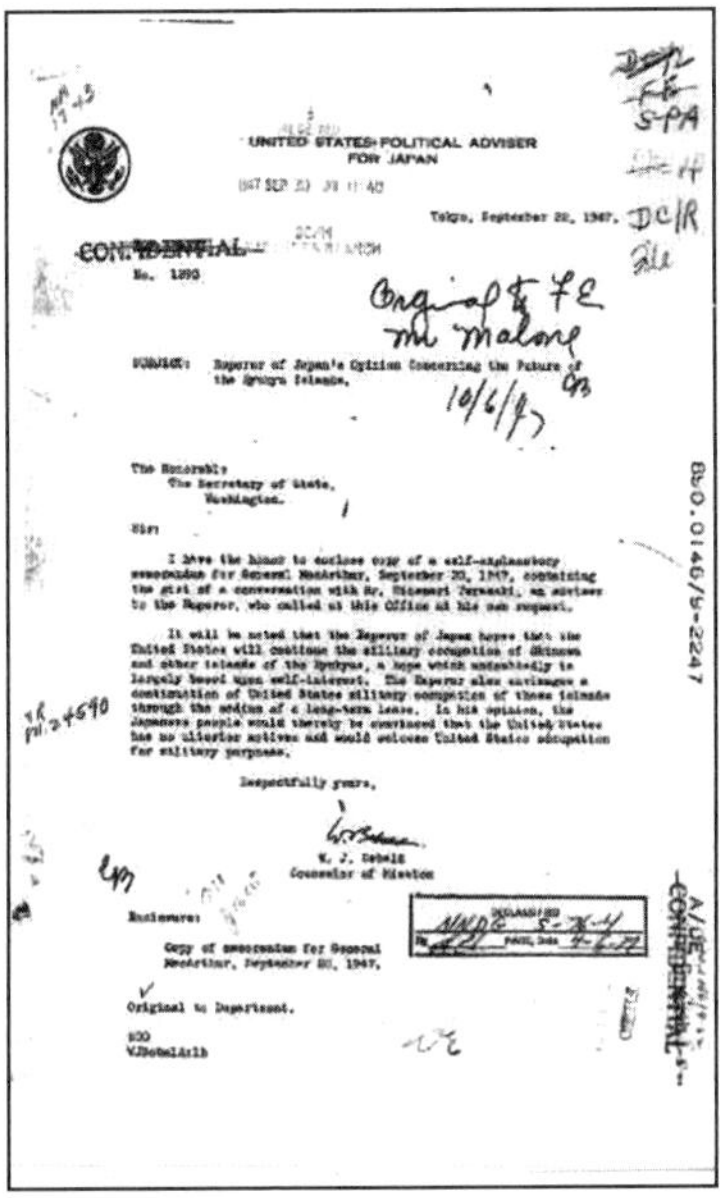
UNITED STATES POLITICAL ADVISER
FOR JAPAN

Tokyo, September 22, 1947.

CONFIDENTIAL

The Honorable
The Secretary of State,
Washington.

Respectfully yours,

W. J. Sebald
Counselor of Mission

Original to Department.

天皇の御用掛だった寺島英成がシーボルト米外交局長に送った天皇の「沖縄メッセージ」（沖縄県公文書館所蔵）

仮に沖縄を日本に返せば、基地のための「土地確保」や「自由使用」に支障を来すだけでなく、全国と連帯した強力な反対運動も予想される。一方、沖縄を信託統治にすれば、国連の監視下で沖縄の住民が自治権や独立を主張し、基地を追い出す可能性があると米政府は考えた。

国連憲章は「自己決定権」の原則を認めているため、沖縄住民がそれを行使して独立し、住民投票の結果、基地は不要だという結論が出た時、それを抑え込んで米国が基地を置くことは非常に厳しくなる。しかも、その可能性は高いため、沖縄は日本の一部として住民に自己決定権を与えず、独立できなくする必要がある——と米政府は考えたのだった。

3、「民族主義的復帰」論

✦初期には「民族問題」として位置付け

沖縄において当初「日本復帰」が、大きな問題として浮上したのは、沖縄の日本からの「分離」が決定的になった局面であった。この過程で問題にしたいのは、「分離」の事態が沖縄の民衆運動において、どのように解釈され、いかなる目標が設定されたかである。先取り的にいえば、初期の復帰運動が組織化されてゆく過程で、沖縄の帰属問題は「民族問題」として位置付けられた。「沖縄が日本へ帰る」ことは「本来的な自然の姿」であり、「子が母の元に帰るようなもの」という論調が主流を占めていた。特に「島ぐるみ土地闘争」が拡大・激化していく時流において、米軍の土地収用が国土剥奪の問題とみなされ、やがて「民族の危機」が叫ばれるに至るとき、その傾向は頂点に達する。

ところで、ここで留意せねばならないのは、沖縄戦以前との運動の連続性である。というのも、沖縄近代史において「日本人になる」という生活実践を積極的に先導した知識人、学歴エリート、教職員らが中心になって「祖国復帰」を主張し、初期の復帰運動を組織していったからである。この観点から注目されるのは、初期復帰運動において掲げられた「国土奪還」というスローガンだ。そこには「土地」と「血」のフィクションとともに「沖縄人」＝「日本人」という象徴性を付与し、民衆の強烈なパッションを誘う意図が見受けられる。

「世界に冠たるアメリカ軍」という「圧倒的他者」を前に、「日琉同祖」を「自明の根拠」にしたユートピア的「日本」が幻視されたのである。このとき、アメリカ軍という「強大な他者」の侵入過程で、沖縄戦に至るまでの本土日本人による沖縄人差別という歴史認識がどのように処理されたかが重要である。当初それは、「祖国復帰」を正統化するために、「日琉同祖」という戦前からの自他認識を自明の前提として組み込むことにより、表向きは忘却にさらされていたのだった。

この意味で、初期復帰運動は戦前の「国民になる」＝「日本人になる」という自発的運動と連続性を保ちながら展開したといえる。

✦マッカーサーの沖縄観

終戦直後の沖縄帰属問題は米軍政の主導権の下で展開する。1945年4月、沖縄本島に上陸した米軍は、海軍元帥ニミッツの名によって、「米海軍軍政府布告第1号」を発し、「日本帝国政府の全ての行政権を停止」して軍政府設立を宣言した。だが、8月14日に日本がポツダム宣言を受諾して連合国に無条件降伏したことにより、軍政府設立の必要が解消し、日本は連合軍の占領下に置かれることになる。

この際に連合国総司令部（ＧＨＱ）が北緯30度以南の南西諸島を日本本土から分離する方針を明らかにしたことが、沖縄の帰属問題の議論に火を付ける。いわゆる「ＧＨＱ覚書」である。それにおける沖縄の位置付けは、「日本国」の最終的領土確定作業の一環として、北方領土などとともにヤルタ協定やカイロ宣言以来の連合国内における協約に対応したものであり、米国の国際戦略の見通しと深く関わっていた。それは、単にソ連への政治戦略上の目的だけでなく、米ソの思惑を超えて流動化してきたアジア情勢に対処するための軍事的価値に求められていた。米軍の軍事的な政治戦略における沖縄認識は、１９４７年７月のマッカーサー連合国軍最高司令官の発言に端的に表れている。

「琉球はわれわれの自然の国境だ。沖縄人が日本人でない以上、米国の沖縄占領に対して反対しているることはないようだ」（中野好夫編『戦後沖縄資料』日本評論社）

この発言から読み取れる重要なポイントは、米軍政下にある沖縄人は、日本人とは異なる民族であり、さらに琉球諸島は独自の文化圏、社会圏を有する地域であるとみなされている点である。しかもその認識が、対ソ的政治戦略における領土問題を正当化する論理として持ち出されている。この二重の論理によって、米国が沖縄を軍事基地化することが「必然化＝自然化」され、あたかもそれが「沖縄の宿命」であるかのように語られている。

✦帰属論争

こうした情勢を背景に、沖縄の帰属問題は沖縄では、どのように議論されたか。沖縄諸島では、1947年を起点に各群島単位を活動領域にした諸政党が結成されていった。各政党にとって当然のごとく帰属問題は最大の政治課題であった。独立か、日本復帰か、という意見を二分する論争は、「沖縄の経済問題」と「本土の差別的歴史認識」を主な争点にしながら政党間の討議から、群島会議のレベルに至るまで発展的に行われた。各政党に共通していたのは、ポツダム宣言を参照した「民主化」を最大のスローガンとして掲げていたことと、占領米軍に対する協力の姿勢であった。しかし、復帰論と独立論との大きな違いは、日本人との関わりに対する民族的歴史観にあった。

例えば、復帰論の立場からは、言語、風俗、習慣などを見ても、琉球人は日本人と同一の民族であることは「否めない」とし、同一民族が同一の政治体制に置かれることは、「人類社会の自然の姿である」と主張される。

経済の面でも、琉球経済は、戦争直前まで日本の国内経済の一分業単位としてあったので、いかなることがあっても日本を中心に、アジアの経済圏から離れることはできないから、日本帰属が沖縄民族の将来のためにもなるという立場に立つ。

このような「祖国復帰」論が、「自然の姿」とする民族観は、戦後すぐの復帰請願にみられる主張の基調であった。初期復帰運動史において「復帰男」と称される元新聞記者の仲吉良光は、復帰請願に際し、「日琉同祖論」にとりつかれたことを以下のように告白している。

「前方に久高島《くだか》が見える。三百年前羽地《はねじ》王子向 象賢《しょうじょうけん》の有名な日琉同祖論は、久高島参詣廃止を『王さま』に献策した陳言書にある。この国の生まれ初めは日本より来たりしこと疑い御座なく候されば草木鳥獣の名みな相通ず……の文句が、自ずと口に出る。なんども繰り返して私はついにそれに取り付かれた。友人たちに話して、われわれも意思表示をして日本復帰を願おうではないかと語り合った。……まず私が先端を切ろうと話がまとまり、警察署から鉛筆と紙を貰って来て陳情書を書いた。『対日講和の際、沖縄はやはり日本の一部として残るよう、配慮方をワシントン政府に進言されたい。これには論理も理屈もありません。沖縄人は日本人ですから、子が親の家に帰りたがる如く、人間自然の感情からであります。なにとぞご同情たまわりたい』を骨子とする陳情書である」(仲吉『沖縄祖国復帰運動記』沖縄タイムス社)

✦否定的現実

ところが独立論においては、こうした立場は徹底的に拒否される。民主同盟の祖根宗春《そねむねはる》は、こう主張した。

「我々が主張するのは琉球の最終的な決定は飽くまでも独立でなければならない、そして独立するにしても結局日本帰属論者が主張している如く、我々は日本と、文化、思想、経済これは独立したから、日本語を使ってはいけない、日本式の教育を使ってはいけない、日本式の教育は受けてはいけない、日本に留学してはいけないという訳ではないのでありまして、独立しても可能であります。ただ行政的に国家の主権及び行政権が琉球独立論としてはどこまでも琉球国をつくり琉球の主権は琉球人の手によって経理し、そして琉球の政治は琉球人自らやる、これが我々の主張でありまして、そういった点においては日本帰属と違うのであります」

沖縄の経済については、過剰人口の海外移民と戦争被害を前面に出した経済援助を日米に求めるというものだった（中野、前掲書）。

復帰論には、明らかに沖縄戦以前における「日本人になる」こととのメンタリティーの連続性が見て取れる。独立論の方も、文化的な面で沖縄の民族性を「日本人」と同質になる「見通し」として解釈しているが、主権を獲得する姿勢を貫こうとする。だが両論とも経済的援助に期待していることには変わりなかった。終戦直後の甚大な被害や混乱した情勢を反映し、経済の問題が愁眉《しゅうび》の課題だった。

戦後数年後には米軍を解放軍とする見方は退潮し、沖縄の帰属に関して新たな模索が始まっていた。では、どのような理由で復帰運動が始まったか。独立か、復帰か、という議論を経て、復帰運動へ移行していく状況について、沖縄現代史家・新崎盛暉は次のように説明している。

「一時的、断片的には、一般民衆に、日本軍との異質性を感じさせることもあったアメリカ式ヒューマニズムは、横行するグロテスクな米軍犯罪の前にまったく色あせていた。民衆の基本的諸権利は剥奪されたままであり、高圧的な支配者の恣意的政策（たとえば、食糧の大幅値上げ、食糧配給停止事件）は民衆の反発と権利意識を強めた。そして経済的にも、多くの民衆は窮乏状態にあった。否定的現実に置かれていた民衆は、文化的復帰論を手掛かりにしながら、そこから脱却する道を、日本復帰の方向に求めつつあった」（新崎『戦後沖縄史』日本評論社）

✦組織的運動の始まり

こうした状況を背景に、やがて独立論者のほとんどが復帰論へ移行し、沖縄への日本本土の歴史的

署名運動を展開した日本復帰促進期成会のメンバーら（1951 年、那覇市歴史博物館提供）

な差別支配の責任は全て、戦前の天皇中心主義的な非民主主義（＝帝国主義）日本に負わされ、現在の日本は「新憲法下に生まれ変わった日本」と把握するようになる。「平和国家日本」「民主国家日本」は、経済的発展のための諸条件をも備えた理想国家であり、「同一民族は近代的民族統一へ向かうべきもの」とされた。

こうして初期復帰運動の基調になりつつあった文化論的に民族の同一性を訴える「祖国復帰」運動は、1951年3月18日の沖縄群島会議において、15対3で「日本復帰」で意見統一された頃から具体的な組織的運動として開始される。同年4月29日には、日本復帰促進期成会が結成され、間髪入れずに社大党青年部の新進会を中心に日本復帰促進青年同志会も結成された。

この両会の手によって、地域懇談会や署名運動が組織され、わずか3カ月で有権者27万6千人のうち、72・1％に当たる19万9千人の署名を集めた。群島知事も、ダレス特使、吉田茂首相、講和会議議長らに宛てて復帰要請の電報を打つ。

矢継ぎ早に同年5月12日に結成された「琉球日本復帰期成会」は「我々は茲《ここ》に琉球の歴史的、地理的、経済的、文化的、民族的関係から、速やかに日本に復帰することが、琉球人に繁栄と幸福をもたらすものと信じ、琉球の日本復帰促進期成会を結成した次第である」と宣言、これを決議している。

✦日本との分離

しかしついに1952年4月28日、対日講和条約が発効し、南西諸島は日本と分離される。翌53年1月に結成された「日本復帰期成会」が決議した内容はこうだった。「平和条約第三条を撤廃し祖国への即時完全復帰を期す。われわれは祖国をもち乍《なが》ら、その意志に反して、民族的孤児となり、他国の行政下に置かれている。これはまさに奇型的な姿であり、**民族的な悲劇である**（太字＝引用者）。この境遇を脱却し、民族の幸福と繁栄を求めることはけだし独自の民族的文化と歴史をもつわれわれ本来の欲求である」

このように、初期復帰運動は、あくまで「民族主義」的な「復帰」が基調にあり、そればかりか、全面講和や基地反対といった政治的主張を積極的に排除する傾向があった。しかし運動は、米大統領アイゼンハワーの「一般教書」（54年1月7日）以来、米軍軍政の抑圧にさらされていく。当初、抑圧は、運動組織の中心である教職員会の指導者への渡航拒否として表面化した。この頃、防共問題についての所信表明（54年5月19日）を行ったオグデン高等弁務官は、その中で教職員をやり玉に挙げ、「彼らは共産主義を教え、共産党員の補給の目的で教育を行っている」と非難した。こうした反共攻勢の中、祖国復帰期成会は、54年の中頃には自然消滅してしまう。

だが、53年頃から冷戦構築に向けて軍事化を推進する米国が、軍事基地使用のための土地接収を強化していくにつれ、戦後沖縄最大規模の民衆運動を誘発することになる。いわゆる「島ぐるみ土地闘争」である。この運動で、民族主義的論調が最高潮に達すると、土地問題を中心とした沖縄問題全体が民族問題としてだけでなく、人権問題としてクローズアップされていく。運動側は民主主義獲得を掲げ、米軍軍政と対立姿勢を強めるのと同時並行的に、平和憲法を備え独立し、復興がかなった「日本」が「ユートピア」としてイメージされ、権利獲得への一層の願いが、日本国憲法への志向性を強めていった。

✦島ぐるみ闘争

軍用地問題の発端は、1950年12月5日の「琉球列島米国民政府に関する指令」における指示の具体化による。それは「合衆国政府が永久的に必要とする」土地を、「購入によりまた収用して、その所有権を獲得する」ことを意味していた。53年頃から55年頃にかけて土地が接収された。武装米兵や沖縄人特警隊を動員して行われた、これらの暴力的な土地接収は、朝鮮戦争によってその重要性が実証された沖縄米軍基地の整備・拡張政策の具体的展開であった。そして、この強引な政策に対する農民の頑強な抵抗は、反共政策の一環として、全て共産主義者の扇動によるものとされた。こうして米軍政は、沖縄民衆運動と対立を深めていく。

ところで、土地接収の問題が「人権問題」としてクローズアップされる過程で、いわゆる「朝日報道」が果たした役割は大きい。55年1月14日付の「朝日新聞」の社説はこう記した。

「沖縄島民は、われわれ同胞である。敗戦の結果、アメリカの支配のもとにおかれてはいるが、われわれの同胞である。その同胞が、土地の強制借上げ、労賃の人種的差別、基本的人権の侵害などで、文字通り最低の生活さえ営みえない状態に立至っているということは、日本人の強い関心をよばずにはおかない」

この報道は、日本本土において「沖縄問題」という名称が用いられる端緒となった。ここに読み取れるのは、沖縄問題が戦後日本のナショナリズムに果たす役割の重要性であろう。同時に戦後10年間、ほとんど本土ジャーナリズムに姿を現さなかった沖縄が取り上げられたことにより、復帰運動における「祖国」の姿は一層強められ、「祖国復帰」の正統性は「日本民族との血のつながり」を再確認することで、より強固に根付いていったのである。

✦プライス勧告

立法院は1955年4月30日、「軍用地処理に関する請願」を全会一致で採択した。この請願の中で、後に「土地を守る四原則」と呼ばれることになる、一括払いの反対、適正補償、損害賠償、新規接収反対の四つの要請が明らかにされた。

この請願と同時に、行政府、立法院、市町村長会、土地連合会は四者協議会を結成し、米民政府と交渉することになったが、現地交渉ではらちが明かないとの理由で米本国政府と交渉することになり、渡米代表団を派遣した。この代表団の要請に基づいて米下院軍事委員会はM・プライス議員を委員長とする調査団を沖縄に派遣した。プライス調査団は55年10月14日から11月23日までの40日間、現地調査を実施し、いわゆるプライス勧告を議会に提出した。

この内容が、立法院決議を全面否定する内容であったため、これに激怒した民衆が、十数万単位で結集し、運動を展開することになる。こうした、いわゆる「プライス勧告反対闘争」の中で、国土防

県民15万人が結集した土地を守る四原則貫徹県民大会（1956年7月28日夜、那覇高校校庭）

衛論、領土権防衛論が一挙に表面化してきたのは、この「島ぐるみ闘争」が、復帰思想によって支えられていたことを示していた。54年頃に米軍の弾圧によって自然消滅した初期復帰運動の「民族主義」的基調が、この運動にも受け継がれ、それがプライス勧告を契機として、国土防衛論、領土権防衛論となって全面開化したのである。

例えば、56年6月の「軍用地四原則貫徹住民大会」開催に向けての教職員会による檄文《げきぶん》は次のように記している。

「八十万同胞を犠牲にした十年の誠意ある協力にもかかわらず、プライス勧告は、『自由諸国家を守る』という美名と『強烈な民族闘争がない』というあなどりのもとに、四原則をへい履の如く踏みにじり、一括払いに名をかりて、実質的に土地を買い上げ、絶対所有権を奪い取ろうとしている。民族の憤激これにまさるものがあろうか。……われわれはもはや俎上に乗せられた魚ではない。尊い人間性と民族意識に目覚めた人間のかたまりである。われわれ五千教師は今こそ民族的良心を結集してわれわれの国土と教育を守り抜こう。そして総力をあげて全同胞と共に徹底的に闘う態勢をかためよう」（56年6月19日付朝刊『琉球新報』）

✦米軍の弾圧と闘争の収束

また、56年7月28日の「四原則貫徹県民大会」に向けての「沖縄土地を守る会声明文」（同年7月19日）は以下のような宣言であった。

「一、われわれは、全県民と共に国土を一坪もアメリカに売り渡さないために、民族の限りない底力を掘り起こして闘う／一、われわれは、全県民と共に四原則を切り崩すための一切のデマゴギーを世界の前に暴露し、圧力を粉砕してあくまでも闘い抜く／一、われわれは、全県民とともに住民組織を完成し、鉄の団結を固めて、いかなる困難にも屈せず闘い抜く／一、われわれは、全県民とともに独立と平和と民主主義の旗を高く掲げ、祖国と民族を守るために闘い抜く」

こうして強烈なナショナリズム運動としての「島ぐるみ土地闘争」は極限に達する。それまで米軍は五者協（行政府、立法院、市町村長会、土地連合会、市町村議長会）のプライス勧告に対する反論を黙殺し、規定方針を貫くという強硬姿勢は示していたが、運動に対する直接的な妨害や弾圧は行っていなかった。

だが米軍は、土地協（五者協に加え、革新政党などを含む十数団体を統合した連絡協議会）が巨大な民衆運動として浮上してきたとき、これに対して弾圧した。沖縄本島中部地域に対する米軍関係者のオフリミッツ（立ち入り禁止）宣言と、琉球大学に対する反米学生の処分要求である。米軍は「住民大会やデモにおける扇動的意見、または行動の結果、発生するかもしれない琉球人と米人間の衝突を避けるための予防措置として」、コザ市（現沖縄市）を中心とする中部地域一帯を無期限にオフリミッツ地域とする、と声明した。

これを機に「島ぐるみ土地闘争」は、収束へと向かう。沖縄の大規模な民衆運動は、改めて開始される60年代の復帰運動を待つことになる。だが、この運動が初期復帰運動にみられた「民族主義」的基調だけでなく、「人権」や「民主主義」獲得を掲げたデモクラシー的な民衆運動の性格も帯びていたことは留意すべきだろう。この性格は後の復帰運動で前面化する。

【コラム❷】破綻した講和条約3条／国際法上の根拠失う／日本の「同意」で統治続行

「3条は効力を失っている」――サンフランシスコ講和条約締結から約2カ月後の1951年11月5日、国会でこのような指摘が出た。国連加盟国の地域には信託統治制度は適用されないため（国連憲章78条）、日本の国連加盟後は、制度適用をうたう3条の効力は消滅するのではないか――というものだ。これに西村熊雄条約局長はこう答弁した。

「独立国があってその領有しておる植民地の一部を信託統治に付し得ることは、すでに国連憲章（77条の1のc）によって予見している。何ら差し支えない」

国連憲章は、同制度の目的は植民地に置かれた地域を国連監督下で「自治または独立に向けて住民の漸進的発達を促す」こととし、77条で地域を3種類規定している。西村氏は、沖縄は日本の固有の領土と答弁した一方で「（日本の）植民地の一部」として「自発的に制度下に置かれる地域」にも位置付けられるという、矛盾した〝苦しい答弁〟をした。

3条を巡っては、国際法研究者からも批判が噴出していた。「『非民主的な領土変更の禁止』に触れる」「一時的・権道的な信託統治制度の利用は制度の乱用であり、政治目的の粉飾だ」

などだ。

◇米国に追従

56年12月12日。衆院外務委員会で中川融外務事務官・アジア局長は「米側は信託統治を要求する考えがないことは、何度も非公式に意思表明している」と明かした。同月、日本の国連加盟後、衆院法務委員会でこんな指摘が飛び出した。

「3条は米国がいつまでも長く施政権を持つ趣旨ではないのに、米国は沖縄を信託統治にする腹もなければ、法律上から見ても事実上も信託統治にはできない。……この制度の目的は沖

サンフランシスコ講和条約第3条

日本国は、北緯29度以南の南西諸島(琉球諸島および大東諸島を含む)孀婦岩の南の南方諸島(小笠原群島、西之島および火山列島を含む)並びに沖の鳥島および南鳥島を合衆国を唯一の施政権者とする信託統治制度の下に置くこととする国際連合に対する合衆国のいかなる提案にも同意する。このような提案が行われ、かつ可決されるまで、合衆国は、領水を含むこれらの諸島の領域および住民に対して、行政、立法および司法上の権力の全部および一部を行使する権利を有するものとする。

国連憲章

第77条〔信託統治地域〕

1、信託統治制度は、次の種類の地域で信託統治協定によってこの制度の下におかれるものに適用する。

a.現に委任統治の下にある地域

b.第2次世界戦争の結果として敵国から分離される地域

c.施政について責任を負う国によって自発的にこの制度の下に置かれる地域

第78条〔国際連合の加盟国となった地域〕

国際連合加盟国の間の関係は、主権平等の原則の尊重を基礎とするから、信託統治制度は、加盟国となった地域には適用しない。

縄に当てはまらない。日本の国連加盟後は77条も適用されない。国連に提案したとしても安保理でのソ連による拒否権行使は火を見るより明らかだ。３条は根拠を失っている。不能の条件を付した条文は無効だ」

この時点で日本政府が３条無効論・失効論を主張して施政権返還を強く要求すれば、条約上の日本の「同意」は崩れ、米国の統治権行使続行を止められたかもしれない。57年、岸信介首相はマッカーサー駐日米大使（マッカーサーＧＨＱ最高司令官の甥）に「琉球は日本固有の領土だ。日本人は米国の沖縄統治の正統性に疑問を持っている」と述べたが、明確な法的主張はしなかった。

その後、ケネディ米大統領は62年３月の声明で「私は、琉球諸島が日本本土の一部であることを認める。自由世界の安全保障上の利益が、琉球諸島を日本国の完全な主権の下へ復帰せしめることを許す日を待望している」と表明した。

沖縄を信託統治下に置くと提案する意思を明確に放棄したのだ。これにより、３条無効・失効論の説得力は増し、米国による沖縄統治の違法性が強まった。しかし日本政府はずっと一貫して西村氏の答弁の論理で両論を退け続けた。

沖縄は条約発効から72年の日本復帰まで実に20年間、国際法上の実質的な根拠を欠いたまま、統治されたことになる。その状態は、日本の「同意」なくしては成立し得なかった。「同意」の理由を説明した国会答弁には、沖縄を植民地と位置付ける論理が潜んでいた。

4、「憲法復帰」論

✦日本国憲法の下への「復帰」

「島ぐるみ土地闘争」は、一応の終結を迎えたが、この運動が復帰運動の新たな展開へ大きな影響を及ぼしたのは間違いない。土地を巡る「人権」や「民主主義」の観念が、沖縄の否定的現実を打開していくための旗印として不動の位置を占めるようになっていく。当初「母なる祖国」への素朴なナショナリズムとして出発した復帰運動は、1960年代に入るとデモクラシー的な性格を鮮明に帯びるようになり、「民族主義」的性格は退潮していくのである。

これまで米軍政への権利要求と日本への陳情という形態をとっていた「祖国復帰」運動は、さまざまな権利侵害などを前に、明確な不信感や強硬な抗議の意思を表明するようになる。本土政府や本土諸政党に対する復帰運動側のアピールにみられるように、いかにして沖縄の「潜在主権」を実体的な主権に変えるか、すなわち、日本の「民主憲法」の下へいかに「復帰」するかが、焦点化してくる。

「祖国復帰」運動が日本の「主権」概念を強く意識するきっかけは、1957年6月21日の岸・アイゼンハワー会談による「日米新時代協力体制」構想に求められる。60年安保問題に向けて日米の折衝が継続する中で、米国は「一切の米陸上戦闘部隊の速やかな撤退を含む」在日米地上軍の大幅削減を約束した。

しかしこの削減は、海空軍に比重を置く極東戦略の再編成であり、その拠点である沖縄基地の比重を高めることになり、「太平洋の要石」と呼ばれる沖縄への軍事機能の濃密化を意味していた。それが、米国側の沖縄問題に対する強硬な姿勢と結び付くとき、単に現実の壁の厚さだけでなく、沖縄への「本土撤兵シワ寄せ」という印象を強めることになった。この会談は、島ぐるみ土地闘争が収束していく矢先に行われており、米軍の沖縄管理体制強化への危惧を運動の指導者らは感じ取っていた。「沖縄への基地シワ寄せ」という認識が高まる中、初期土地闘争の主な担い手だった運動指導者の間に、日本政府に頼ることに限界があるだけではなく、国民世論や本土革新諸勢力も、強力な同盟者ではないという孤立感が強まっていった。安保改定を巡って「共同防衛地域」論議が起こり、沖縄の位置付けが議論されたときにも、本土政府の沖縄に対する姿勢が問いただされた。

つまり安保条約が規定する「共同防衛地域」に沖縄を含むかどうかで、日本側が沖縄を行政権のレベルだけではなく、国民の一員としてみなしているのかどうかが、沖縄のマスコミでは論点となったのである。

✦本土不信

新崎盛暉は、この論調の中に「本土不信」を読み取り、その例として「基地シワ寄せ」論と「火中の中の栗」論を挙げている。両論では、土地闘争の盛り上がりと本土への期待喪失感というギャップが、公然たる憤慨となって表明された。「基地シワ寄せ」論の代表的見解は「沖縄タイムス」の次の社説にみられる。

「本土の世論は、社会党をはじめ報道機関の論調が中心になって醸成されているようだが、平素、沖縄や小笠原の現実に同情を寄せその復帰を強調しながら、他からの侵略があった場合、これを守るという段になると〝見殺し〟にしてしまえとは情無い話である。……日本政府が、沖縄・小笠原を適用地域に含めないというなら、それは自らの領土を放棄することにひとしい。……大戦中『本土防衛』の名のもとに沖縄を〝鉄の暴風〟にさらすことによって本土の被害をさけた如く、いつまでも国家の犠牲をこの島々にのみ負わそうとする『ずるさ』といって過言ではないだろう」（1957年11月21日付朝刊「沖縄タイムス」）

言葉の裏にあるのは、戦後「島ぐるみ土地闘争」を経て、日本本土に陳情を続けてきた沖縄における一連の運動が放置されていることに対する「いらだち」である。また、沖縄の基地と沖縄自体の位置付けを巡る本土政府や世論の対応を、沖縄戦の歴史とのアナロジー（類推）で批判している。同じ頃、「琉球新報」における「火の中の栗」論は、まさにその論理をあらわにしている。

「沖縄の防衛ということは果たして行政権の防衛のみを意味するのであるか。それには誰も同意しないであろう。防衛ということは第一に国民であり、第二に国土である。……いま変則的に沖縄の行政、司法、立法の三権をアメリカが握っているからといって、沖縄の防衛権を日本が放棄するというとすれば、はなはだおかしいことである。……沖縄を火の中の栗とみるか、自分の身体の一部とみるか、考え方はその人によって異なりうるが、沖縄を火の中の栗、とみて共同防衛から除くならば、日本政府は沖縄に対して誤ちを反復することになるであろう。……日本社会党や自民党一部の、沖縄を安保条約に含めることに反対する底意は、戦争のおこった場合、火の中の栗になる沖縄のためにケガをしたくないということに外ならぬ。これはなはだおかしい。これを裏返して言うならば、もし戦争になった場合は沖縄人だけ戦禍にさらして、日本国民は傍観しようではないか、ということである」（1957年10月8日付朝刊「琉球新報」）

✦復帰運動の変調

以上のような、「基地シワ寄せ」論と「火中の中の栗」論に対し、新崎は「このような心情は、包含賛成論と復帰優先論のちがいをこえてかなり広汎に存在した」と指摘する。そして「復帰思想は、いぜんとして正統的革新思想としての地位を保持しているが、その内面においては、アンビバレントな志向（本土への吸引と反発）を強め、1951年の復帰運動から島ぐるみ闘争の頃までとは異なった傾向を増大させつつ、復帰協という大衆組織の確立へ向かうのである」としている。この吸引と反発というアンビバレンス（二律背反性）が「復帰」を巡る論調の中に見受けられるのは重要である。「国民になる」＝「日本人になる」という癒着の構図が、「民族主義」的論調の退潮とともに脅かされていくありようをみることができるからである。やや図式的にいえば、「日本人」になるという主体の関与の正統性が、「人権擁護」や「民主主義獲得」といった市民原理に根拠が据えられていくことにより、不信感の対象とされた「本土日本人」が、憲法上保障された「日本国民」と区別され、「日琉同祖論」的な同一民族という神秘性が崩壊していく予兆が読み取れるのである。

しかし、この段階の運動レベルで「日本国民」と「日本人」の分離がはっきり現れたわけではない。

この傾向がはっきり吐露されるのは70年前後を待たなければならなかった。以下では、60年代、再び復帰運動が活発化していく展開を、この原理要求に焦点を当てつつ、跡付けていく。

✦本土への吸引と反発

多くの県民を動員した土地闘争以来、全県的な運動が阻まれていた状況を一転させたのは、1960年4月28日の「沖縄県祖国復帰協議会」の結成だった。この運動が掲げる基本目標は、50年代の沖縄諸島祖国復帰期成会と基本的に変わらないが、「布令布告の撤廃および日本の諸法規の適用促進」「日の丸掲揚並びに渡航の自由獲得」「主席公選の推進」「国会への沖縄代表参加」など、より具体的な個別的要求を掲げている点は新しい。また、構成メンバーの中に、官公労など労働組合の比重が大きくなってきたことや、琉球大学学生会が組織として運動の表面に浮上してきたことも異なっている。

沖縄県祖国復帰協議会の結成大会（1960年4月28日）

しかし最も重要なのは「祖国復帰」概念自体の微妙な変容である。運動の内実は、「復帰」こそ現状打開であるという認識と、本土との断絶感というアンビバレントな要素を内包していた。これを捉えた新崎は、60年当初の復帰思想の変質を次のように記している。

「復帰協の結成は、実質的には53年の復帰期成会の再建を意味した。したがって、復帰協の運動にある思想は、いうまでもなく、すでに島ぐるみの支配的思想としての地位を確立していた復帰思想にほかならなかった。しかしそれは、戦後史第三期（暗黒時代・1952年4月〜56年6月＝引用者）の弾圧下において民族主義的純化を強め、島ぐるみ闘争のなかで前面開化した復帰思想とは、いくらかおもむきを異にしていた。この変化は、必ずしも表面にあらわれたわけではない。だが、基地しわ寄せ論による孤立感の深まり、さらには火中のクリ論に対する強い反発という体験を経ていた復帰思想が、従来と同じように凝集された民族意識を核にして成立しているはずはなかった。この表面化しにくい復帰思想の変容は、民族主義的純度の希薄化と表現してもいいし、パッショネイトな民族意識の弛緩といってもいいと思う。別のいい方をすれば、日本に対する（求心と遠心という）アンビバレントな志向の増大、あるいは、復帰思想の内面におけるタテマエとホンネの分離（太字＝引用者）ということもできよう」（新崎、前掲書）

このアンビバレントな様相を鋭敏に感じて批判的に表現したのが、琉球大学学生会を中心とする学生運動だっただろう。この頃の学生運動は、安保闘争の影響だけではなく、李承晩を倒した韓国の学生デモや、トルコの学生の反政府運動など、世界的な盛り上がりに呼応しつつ展開されようとしていた（鹿野政直『戦後沖縄の思想像』朝日新聞社参照）。後に、「祖国復帰」に対する根本的疑問を突き付けたのも、この頃に活躍した「新左翼」と呼ばれる学生らが中心であった。ある意味で、行動的ラジカリズムという面においては、60年初頭で既に反復帰論が始動していたとみることができる。しかし、沖縄の土着思想としての反復帰論は70年頃に結晶化する。

✦2・1決議

「市民性」原理を強く要求する運動の新展開に拍車を掛けたのは、いわゆる「2・1決議」と呼ばれる人権擁護と自治権拡大を掲げる一連の具体的要求である。

沖縄の日本復帰を目指し、サンフランシスコ講和条約が結ばれた4月28日に毎年開かれた集会（1964年4月28日、那覇市歴史博物館提供）

1962年2月1日、立法院は、60年12月の第15回国連総会で採決された「植民地諸国諸人民に対する独立許容宣言」から、「あらゆる形の植民地主義をすみやかにかつ無条件に終止させることの必要性を厳かに宣言する」という部分を引用し、強硬的な態度で復帰決議を行った。決議文はその宣言を引き、「日本領土内で住民の意思に反して、不当な支配がなされていることに対し、国連加盟諸国が注意を喚起されることを要望し、沖縄に対する日本の主権が速やかに、かつ完全に回復されるよう尽力されんことを強く要請する」とある。

国連加盟諸国宛ての復帰決議を全会一致で可決したのは画期的だった。この決議は、日米両国に大きな衝撃を与え、国連の〝独立許容宣言〟に署名していた日本の外務省は、「沖縄は植民地に該当しない」との見解まで表明した。

定例記者会見でコメントするキャラウェイ高等弁務官〈左〉（1962年7月5日）

この決議が復帰運動に与えた影響は大きい。62年2月23日の「沖縄解放県民大会」では、「沖縄解放」のスローガンが掲げられ、世界的な民族独立運動との「人民的連帯」が自覚され始めたのである。この運動を契機に、高等弁務官キャラウェイ施政の高圧的支配が開始されてしまうのだが、ベトナム反戦平和運動と連携した「解放」の観念の萌芽をここに見ることができる。

「2・1決議」を起点とする自治権拡大運動は、現在の知事に当たる主席の公選や、国政参加要求を強め、復帰運動は「第二の島ぐるみ闘争」と言われるほど、大きな盛り上がりを見せるようになる。64年6月26日の「主席公選・自治権獲得県民大会」は、同年10月27日の「主席指名阻止決起大会」から沖縄立法院の内部矛盾の激化へと連なり、「主席指名阻止闘争」として暴力的衝突にまで発展した。

主席指名を行うための立法院臨時議会の本議会には、千人の警官隊が出動され、ピケを張った運動員排除に乗り出し、数十人が負傷し、数十人が検挙され、約20人が、建造物侵入、器物損壊、公務執行妨害などで起訴された。琉球政府が復帰協レベルの民衆運動を強力に弾圧したのはこれが最初だった。この頃には沖縄の政党間でも内部矛盾は進んでおり、立法院決議という院内解決では収まらない状況がそこにはあった。

このような内部矛盾を引き起こす契機になったのが、キャラウェイによる「自治権神話説」であった。彼は63年3月の演説で「自治は主権国家においてのみ可能なものだ。平和条約によって、米国の施政下にある沖縄では、住民による自治政府はありえない。独立しない限り、自治権を要求するのは神話である」と述べ、強硬政策に徹したため、「積み重ね返還方式」を主張してきた親米的な与党の沖縄自民党まで失望させたのである。

これを契機に党内対立が進み、64年6月には自民党は分裂し、新しく結成された民政クラブは、野党、民間53団体と連携して、「高等弁務官の直接統治抗議」「主席公選要求」を決議させた。さらに那覇市議会をはじめ、各市町村までが相次いで「主席公選」「日本復帰」を決議した。

米民政府批判と復帰運動の盛り上がりの中で、64年8月、ついにキャラウェイ高等弁務官は更迭され、大田政作主席も立法院から多数決で「即時退陣」を要求された。こうした中での「主席指名阻止闘争」は、もはや「民族的統一」のための運動というよりも、日本国憲法を勝ち取り、自らの自治を獲得するという性格を強めていた。


【コラム❸】米兵事件の裁判／内容、判決を公表せず／沖縄に逮捕・裁判権乏しく

1955年9月3日、旧石川市。幼稚園に通う6歳の幼女が行方不明となり、翌日嘉手納村(現嘉手納町)で遺体が見つかった。犯人は幼女を車で拉致し嘉手納基地に連れ込み、軍の施設内で何度も暴行して殺害、遺体を嘉手納基地のごみ捨て場に捨てた(「由美子ちゃん事件」)。そ

ハートに死刑の判決
法廷外も物々しい警戒
平然として断罪受く
宣告と同時にガチッと手錠

盆踊り見に出かけて
石川の幼女殺人事件

1955年9月7日

容疑者ホープ軍曹検挙
物證固めにきのう実地検證

遺留品全部発見さる
由美子ちゃん殺し

「由美子ちゃん事件」を伝える当時の琉球新報（1955年9月）

のわずか1週間後にも9歳の女の子が米兵に拉致され暴行された。

こうした事件の裁判は沖縄の裁判所ではなく、米軍の軍法会議で扱われ、しかも公開されなかった。

「沖縄人は、殺され損、殴られ損で、あたかも沖縄人の人権が踏みにじられ、世界人権宣言の精神が無視されているかの感を抱かしめる」

14日、立法院は、過去にも多くの類似した事件が起きたが公開されないとして、判決の公開と過去における軍事裁判の全貌公表を求める決議案を可決した。

16日、石川市で事件に抗議する住民大会が開かれ、千人が集まり、犯人の「死刑」と「治外法権の撤廃」を訴え「琉球人の手による裁判」を求めた。

「由美子ちゃん事件」の犯人である米軍

曹は、事件から1週間後に逮捕された。12月6日に米軍の軍事法廷で「死刑」判決を受けたが、その後、身柄は米本国へ送られ、45年の重労働刑に軽減された。

米軍人・軍属の犯罪は多発していたが、沖縄の司法権は米軍が握っており、琉球警察は限られた場合の現行犯逮捕権を除いて権限はなく、捜査・処理することがほとんどできなかった。逮捕権・捜査権・裁判権も沖縄側には乏しかったため、軍法会議が事件をどう処理したかは、警察にも沖縄住民にも知らされなかった。この体制が犯罪を助長させた。

ベトナム戦争の頃は、戦場に行くよりも沖縄で事件を起こして軽い罪で軍刑務所に入った方がいいと考えた米兵による犯罪も起きた。

5、「反戦復帰」論

✦復帰運動の質的転換

沖縄住民の自治要求は活発化し、「人民解放」を旗印にした民衆運動と結び付き、さらに世界的動向と連動して展開するようになる。それに従い、復帰運動は急展開の必要性を目の当たりにする。1965年以降、ベトナム戦争の「泥沼化」が言われるにつれ、米国の国際的威信や経済、国内事情の悪化などにより、対沖縄政策が大きく転換し始めた頃から復帰運動の質的変容が始まる。

さらに沖縄への政策的関与に日本政府が加わるようになり、復帰運動は対米抗議だけでなく、対日抗議としても展開されるようになる。「沖縄返還」の具体的プログラムが明確化してくる頃には、返還に伴う「要求の高まり」が極点に達し、政党間の主導権争いと相まって、「祖国復帰」の内容が多様性を帯びていく。

このような復帰運動の質的転換が世界的な反戦平和運動の影響を受けていることは言うまでもない。ここでは、「祖国復帰」要求が、「反戦平和」という国際的視点を含ませて、新たな展開を模索する中、結局は挫折に追い込まれるプロセスを追う。

60年代後半の対沖縄政策の変容は、佐藤内閣の発足とベトナム戦争が契機となった。64年11月に発足した佐藤内閣は、沖縄返還要求を重点政策の一つに挙げた。そのため、当時の米大統領ジョンソンと佐藤栄作首相との会談は、運動側から注目された。しかし、この会談は、日米双方が沖縄の軍事基地に対する共通の利益を確認する結果となった。日本側が日米共同声明の中で、沖縄基地の重要性を認めたのは、このときが初めてである。さらにこの会談の1カ月後、米国はベトナムで〝北爆〟を開始し、地上戦闘にも全面的に介入していく。その最大の軍事拠点は沖縄だった。

〝北爆〟開始後、米軍の基地使用が活発になったことに伴い、沖縄では基地の被害や米兵の犯罪が激増していく。米軍タグボートの沖縄人乗組員に対してベトナム行きの命令を出したり、台風避難という口実で板付基地（福岡県）に飛来する予定だったB52爆撃機が突如、〝避難〟先を沖縄に変更してそこから直接、南ベトナムに出撃するといった事態が次々に発生したりして、沖縄全体にとって大きな問題となっていた。

こうした事態に対し、立法院は全会一致で「戦争行為の即時取り止めに関する要請決議」を採択する。この決議は、沖縄戦の惨禍から説き起こして「沖縄の米軍基地がベトナムへの出撃基地となり、沖縄が直接戦争にまきこまれることは、県民に直接戦争の不安と恐怖を与え、単に沖縄の安全ばかりでなく、本土の安全をも脅かす」という内容だった。

佐藤栄作首相の来沖の際、首相の車を囲む沖縄の人々（1965年8月19日、那覇市内）

✦「米統治の根拠ない」

日米共同宣言やベトナム戦争の激化による基地被害の悪化は、運動における「祖国復帰」概念にどのような影響を与えたのだろうか。

65年8月19日の佐藤栄作首相訪沖の際に開催された「祖国復帰要求県民大会」は、政党、労働組合、教職員会、その他諸団体、一般市民など15万人を動員する、大きな大会となった。大会では首相に対して次のような要求決議が採択された。

「沖縄戦で20万人の尊い生命が奪われ、廃虚の中から立ち上がったわれわれはすみやかに占領状態が終わることを待ち望んだものである。しかるに、日本政府は、対日平和条約を締結するに当たって沖縄県民が日本復帰を請願したにもかかわらず、ついに米国の支配下に置いてしまった。……とくに最近はベトナム戦争に沖縄基地が使用され、B52の渡洋爆撃などがあって、全県民は戦争の不安におののいている。このような事態に県民を放置して、祖国政府は米国に追従し、北ベトナム爆撃を支持して戦争の危機に県民をさらして傍観視している。しかし、今や米国が沖縄をこのままの状態で支配続行していくことは、対日平和条約第三条そのものが無効であり、すでに統治の根拠が失われており、国連憲章や世界人権宣言の『自らの意志に反する支配』は許されない時代となっている」（沖縄県祖国復帰闘争史編纂委員会編『沖縄県祖国復帰闘争史　資料編』沖縄時事出版）

運動内部には佐藤首相に対する不満が高まりつつあった。それは、この決議文を首相に手渡そうとして首相宿舎のホテルに詰め寄ったデモ隊と警察側との衝突が生じるほどにまで発展していた。政治学者の我部政男は、この不満の中に、ベトナムへの発進基地化への不安を読み取っている。

「そこには、20年間も異民族支配下に置かれた人々のうっ積した感情の爆発があり、政府が復帰に対する何らの具体策を提示しないことへの不満があった。デモ隊の全体の中に戦後はじめて沖縄にきた祖国の首相に直接会って異民族支配の苦しみと復帰の悲願、ベトナム発進基地化の不安を直訴したいという気持ちが強く働いていた」（我部政男「60年代復帰運動の展開」『近代日本と沖縄』三一書房）

✦教公二法阻止闘争

ところで、復帰運動の変質は、日米両政府による対沖縄政策の転換のみに求められるものではない。運動の変質を内部から強力に押し進めたものの一つとして、いわゆる「教公二法阻止闘争」が挙げられる。教公二法には、復帰運動の中心を担う教職員会の政治活動の制限や争議行為の禁止、勤務評定などの内容が折り込まれていた。教公二法阻止闘争は、民主党やその背後の利害集団（主に経済関連団体）の危機感に表れた攻撃に対する革新勢力の対応として始まり、教職員会の問題から革新勢力全体の問題へと発展していった。

67年に入ると、保守勢と革新勢は全面的な対立姿勢を鮮明にし、1万人を超える民衆を動員する運動にまで発展していった。法案が可決されると「祖国復帰」運動の原動力である教職員会への弾圧が正当化されることになるため、運動側は実力行使に出た。

2月24日の立法院本会議では、約9千人の警察官と2万人のデモ隊が衝突、本会議は中止に追い込まれる。この運動は「〝本土並み〟や〝一体化〟を追い求めてきた60年代の復帰運動が、〝本土並み〟要求を逆手にとった民主党の攻撃に直面して、自らが手中にしている〝本土以上の権利〟を自覚しはじめる契機」とも取れる（新崎、前掲書）。

こうして、教公二法阻止闘争の高揚は、米国のベトナム戦争の「泥沼化」という事態と相まって、日米両政府にとって、対沖縄政策を全面的に再検討させる共通の基盤を提供することになる。再検討は、具体的には返還問題として浮上する。返還問題において最大の焦点として議論されたのが、いうまでもなく軍事基地の取り扱いをどうするかという問題だった。ここに至って、沖縄返還の問題は単に返還すればいいということにとどまらず、これを結節点として、日本全体の防衛、極東の安全保障に関する政策の大きな転換をもたらすものだった。

返還問題は、沖縄基地の自由使用を保証することが施政権返還の前提条件であり、核基地の容認を含む基地の自由使用という、下田武三《たけそう》外務事務次官の提案が皮切りとなり、核付きか、核抜きかで大きな論争を巻き起こすことになる。ベトナム戦争と米国のアジア戦略への日本共同化という世界的な状況変化の中、復帰運動は「基地反対」の立場を取り、「反戦平和」のスローガンを全面的に打ち出すようになっていく。

✦無条件全面返還

具体的には、1967年10月12日における復帰協の臨時総会で「沖縄県の即時・無条件・全面返還要求決議」が採択された。この決議は、段階返還論、「核付き」あるいは「核抜き基地自由使用」、さらに教育分離返還論や地域別部分返還論といった、それまで提出されてきた返還構想を拒否する意味を持っていた。「われわれ沖縄県民は、もはやこれ以上の軍事的植民地支配を容認するわけにはいかない。民族の不当、不法な分断に反対し、日本国が真の独立が達成できるよう、ここに全県民の意を結集し、沖縄県の即時無条件全面返還を強く要求するものである」と宣言している。

「即時・無条件・全面返還」は、その後、復帰運動・返還運動の統一スローガンとなる。

その後、復帰運動の質的転換に強く影響を与えたのが第2次佐藤・ジョンソン会談である。この会談による日米共同声明において、両国は、沖縄にある米軍施設が、日本や極東の自由諸国の安全を保障するため重要な役割を果たしている、と確認した。この内容に対し、運動側は安保条約の長期体制化と沖縄の現状固定化を重ね合わせて理解し、「即時無条件返還県民総決起大会」を開催、十数万の参加者を動員し、首相への抗議の意思を明確にした。佐藤首相が渡米する際に出された復帰協の声明文はおおよそこんな内容だった。

すなわち、今回の訪米は〝返還を実現させる絶好のチャンス〟であるが、政府・自民党の政治姿勢からは「真の沖縄解放」はあり得ない。訪米によって「基地に対する新たな協定」や取り決めがなされ、軍事支配が合理化されることすら予想される。今や異民族支配の22年という民族的屈辱は爆発点に達しており、訪米の結果が沖縄の県民を満足させなければ、政府・自民党に対する〝不信感〟が高まろう。そして復帰運動そのものも、質的転換が迫られ激しい闘いとなろう（我部、前掲書）。この声明の底流に、本土政府に対する期待喪失と不信感が読み取れる。復帰運動の激化という情勢の変容に伴い、運動の矛先は日本政府に移行していくのである。

✦高まる反基地感情

１９６７年11月20日に開かれた「抗議県民大会」では、次のような「日米共同声明に対する抗議声明」が発表された。

「共同声明の内容は佐藤政府の外交政策の限界を示しているものであり私たちが渡米前に指摘した通り沖縄の軍事基地の重要性を認めアジアの防衛と、アメリカのベトナム侵略戦争に、より積極的に加担することを確認したものであり、沖縄の返還は核基地の撤去と同時に解決されることを明確に示している」（沖縄県祖国復帰闘争史編纂委員会、前掲書）

続いて採択された日米両政府に対する抗議文は「基地を撤去しない限り、沖縄の祖国復帰が実現できない」との方針を明確に打ち出し、「ジョンソン政府のベトナム侵略戦争と沖縄支配に怒りを込めて抗議すると共に、佐藤自民党政府の売国的外交政策を徹底的に糾弾し、直ちに退陣するよう要求する」と、厳しく指摘している。大会は11万人を動員し、雨の中を微動もせず続行されたという（前掲書）。しかも大会終了後には、佐藤内閣への不信を表明するための葬送デモが敢行されている。このような情勢から読み取れる運動の質的転換とは、佐藤内閣の対沖縄政策をはっきり拒否するとともに、〝基地〟との対決を明確にしたことであった。

復帰協は68年4月12日の定期総会において、「核基地撤去、軍事基地反対」の運動方針を明確に提起しており、復帰運動が「単なる民族運動ではない」という見解を明らかにした。

✦多発する基地被害

復帰運動における質的転換に影響を与えた要素の一つとして、ベトナム戦争の激化に伴う基地被害の多発が挙げられる。沖縄基地はベトナムへの前線基地として軍事機能が集中していた。B52の飛来や爆音、海水汚染、井戸汚染、米兵犯罪の増加など、住民の不安は高まっていた。この不安は、反基地運動に反映される。

例えば、1968年2月9日、沖縄原水協は、嘉手納空軍ゲート前で抗議大会を開き、「反戦平和の立場から、こんどのB52の飛来に抗議し、あらゆる軍事基地の撤去とB52の即時撤退を要求する」との声明文を採択した。また、2月27日には、嘉手納村（当時）に1万3千人が参加して県民総決起大会を開いている。このようなB52撤去闘争は、県労協、官公労、教職員会の組織労働者のほか、嘉手納村議会、沖縄市町村会、那覇市議会、コザ市議会、西原村議会、大学生や高校生にも波及していく。

68年2月28日の「B52撤去要求県民大会」は、広範な盛り上がりを象徴し、1万余の人々を動員、一部のデモ隊は基地に突入するなど、基地撤去への感情の激しさが行動でもって表明された。

こうした反基地運動の激化は基地内労働者にも及んでおり、全軍労を軸とする基地労働者の運動が68年頃から活発化していく。県労協は、68年春闘を「復帰春闘」と呼び、主要闘争目標の一つに「布令116号の全面撤廃」を決め、4月から全組織がストライキを含むあらゆる実力行使に訴えた、最大限の力量発揮構想として「総がかりゼネスト体制」を運動目標に掲げた。

米軍に大量解雇を撤回させるために闘う全軍労の組合員ら〈右側〉。米軍の憲兵隊は労働者に銃剣を向けた（1969年6月5日、キャンプ瑞慶覧ゲート前）

米国政府布令116号「琉球人被雇用者に関する労働基準及び労働関係法」とは、基地内労働者に対し、労働基本権を制約する内容の布令であり、その撤廃が布告当初から軍労働者によって強く叫ばれた。68年から全軍労は米国政府と折衝を重ねたが成果は得られず、ついに10割年休行使を決定する。

68年2月23日、第一回の団体交渉が開始されたが、決裂する。その日、全軍労は「10割年休の行使は、全軍労はじまって以来の歴史的なたたかいであることを全組合員」に通達し、宜野湾市に約1万余人の組合員を動員する。この場で、4・24、10割年休行使が宣言され、ついに10割年休行使のストが決行された。県労協、教職員会の支援員も含めて、69カ所の

初の主席公選で当選を決めた屋良朝苗氏〈中央〉（1968年11月）

米軍基地入口にピケが張られた。全軍労は、布令116号の完全撤廃、スト権の奪還を目標に掲げ、「いかなる弾圧にも屈せず闘い抜くこと」を宣言している。

これらピケ隊に対し、米軍は野戦服に身を固め、カービン銃を持った武装憲兵で排除、衝突を繰り返した。米軍当局は「基地運営に支障はない」と述べていたが、ベトナム戦争が続行されている中、基地機能を一時的であれ停止させたことは、米軍にとっても衝撃的だったとみられる。

✦総がかりのゼネスト

このように、布令の厳しい規則の下で闘われた全軍労の10割年休闘争は、結果的に布令のスト権禁止条項を事実上、死文化させる成功を収め、こうして団交権を獲得し、組織を強化する成果を残した。全軍労は、10割年休闘争の総括に当たって、「この闘いは単なる経済闘争、権利闘争としての評価にとどまるのではなく、沖縄の基地の性格や、極東情勢からして、復帰闘争とも関係して、対外的にも大きな反響を呼んだ」と評している（我部、前掲書参照）。

基地反対運動は、これら反基地スト闘争に限られることなく、ますます激化していく。68年11月10日、初の主席公選で復帰運動の先導者である屋良朝苗が選出されて9日目、発進に失敗したB52が嘉手納基地内で大爆発を起こした事故を皮切りに、基地を巡る問題が運動の焦点として具体性を帯びるようになる。これを契機に基地周辺（読谷、嘉手納、美里）の核貯蔵庫や弾薬集積所の場所が明らかにされ始め、復帰運動の決議・宣言文に「不安」「恐怖」「危機感」などの言葉が目立つようになっていく。

核の存在が明確にされていく緊張した情勢の中で、諸運動体はついに全県にわたる「ゼネスト体制」を築き上げる運動を開始した。68年11月20日、復帰協は、今後の「反戦平和」「基地闘争」をどう進めるかについて討議し、翌日には、これまで分裂していた二つの原水協と合同会議を開くに至る。こうして結成された「生命を守る県民共闘会議」を皮切りに、続く県労協幹事会は12月中旬をめどにＢ52撤去と原潜寄港阻止のため、復帰協、原水協、教職員会などと協力して、ゼネストを行うことを決議した。教職員会理事会もゼネスト参加を決め、地域や支部の討議を重ね、1万人全員参加を決定した。官公労も第14回臨時大会でゼネスト参加を決めた。

2・4ゼネストの成功に向けてデモ行進する市民ら（1969年1月24日）

このようにして結成された県民共闘会議は、69年2月4日にゼネストを決行することを決議した（69年1月6日）。これは10万人を動員して、嘉手納基地を包囲し、Ｂ52の1年以上の常駐に対する抗議行動を起こそうという壮大な計画であった。一方で、全軍労はスト権確立のための臨時大会を開き、県民共闘会議、県労協との共闘態勢を取りつつ、ゼネストを闘い抜くことを決めている。この計画が予定通り遂行され、沖縄の基地機能が完全に停止されれば、ベトナム戦争の情勢を左右するほどの影響を及ぼす。

◆ゼネストの挫折

この動きに危惧を抱いた佐藤首相は「ゼネストでは何一つ解決されない」と述べ、スト中止を訴えた。これを受けて屋良主席は、交渉の軌道に乗っていた「沖縄返還協定」が暗礁に乗り上げることを憂慮し、「ゼネストは沖縄の早期復帰にとって障害となる」と発言、1月30日に「ゼネスト回避要請書」を発表、2月1日、官公労、自治労などの反対を押し切り、ゼネスト回避を決定した。結局2・4ゼネストは決行されなかったが、決行派労働組合員の激しい非難と指導部への不信感が高まり、回避派の指導力が後退する結果を生む。

こうした中、2月4日、10割年休の教職員会、5割年休の官公労をはじめ17労組がストに参加、学生、青年、女性、宗教者の各団体を加えた3万人余りが集まり、「県民総決起大会」を開き「B52即時撤去、原潜寄港阻止、一切の核兵器撤去、総合労働布令の撤廃を要求する決議」を採択した。「2・4ゼネスト闘争」は戦後沖縄史上最大の運動戦略だったため、それを決行しなかった余波も大きかった。

ところで「2・4闘争」の評価に関しては、復帰運動史研究において大きな論点になっている。例えば我部政男は、闘争の意義付けについて、こう述べている。

「『2・4闘争』は、単に、B52撤去を目的にしていただけでなく、それが70年安保闘争と結びつく時、『極東安保体制』打破の一環として位置付けられる側面を持っていた。ゼネストの決行が安保体制の『要』である米軍基地に対して直接に打撃を与える行動形態であるとすれば、それは沖縄民衆の取り組みうる最大の闘争でもありえた」（我部、前掲書）

新崎盛暉は次のように意義付ける。

「結局2・4ゼネストは思想的には、『祖国復帰を遅らせることになる』という日本政府の恫喝によって崩壊した。日本政府の側からみれば、国民的悲願としての祖国復帰、国民的望みとしての沖縄返還を先取りし、これを利用して、戦後沖縄の諸矛盾の根源である基地に向かいつつある大衆運動の矛先をそらそうとする狙いが、具体的な反基地闘争に対して有効性を発揮した、ということになる。2・4ゼネストの挫折は、基本的には、祖国復帰運動の敗北と沖縄返還政策の成功を意味した」（新崎、前掲書）

✦基地撤去を明確化

これらの議論からも理解できるように、既に運動側の「要求」は「返還協定」に納まる内容ではなかった。「基地撤去」を掲げた「反戦平和」の理念が、沖縄の「領土的返還」に対して過剰性を生んだのである。具体的に言うと、全軍労を軸とする2・4ゼネスト闘争の激しい抗議姿勢と連携していた復帰協も、既に「反戦復帰」を前面に打ち出し始めていた。第2次佐藤・ジョンソン会談頃から、復帰協は、基地の撤去を実現しない限り祖国復帰の実現はあり得ないとの認識に立ち、１９６９年3月には、従来の「基地反対、核基地撤去」を「基地撤去」に改め、新たに「安保条約の廃棄」を打ち出した。このように、はっきりと「基地撤去」を運動方針に掲げた復帰協は、「反戦平和」の理念の下で、「復帰」を構想するようになったのである。

例えば、第14回総会（69年3月22日）に提示された執行委員会の見解は次の通りであった。

「米国の沖縄統治の目的が極東の戦略中枢をなす軍事基地の効果的使用にあり、しかも基地の役割が年々増大している現在、復帰運動は同時に反戦運動でなければならない。基地撤去の要求を全面に押し出すことによって、大衆運動の質的転換をはかるべきである。沖縄の基地が極東における安保体制のかなめ石である以上、復帰、反戦運動と安保廃棄闘争を結びつけなければ、平和憲法下への真の復帰はあり得ない」

従来、協議会的性格を持ち、超党派集団として闘争を展開してきた復帰協が、「復帰」と「反戦」を結合させ、基地の撤去を明確に主張し、復帰運動の質的転換を図ったことは、注目に値する。「反戦復帰」を旗印に掲げ、復帰協は11月の佐藤首相訪米に向けて「安保廃棄」「基地撤去」を運動目標の軸に据え、「即時無条件全面返還」の闘いを強力に展開していく基本路線を明確にしていった。

「佐藤訪米阻止」を基調とする方針を提案した復帰協は、「佐藤自民党政府の押し進める沖縄返還が、全く県民の要求をふみにじり、軍国主義復活、アジア核安保体制をめざす極めて危険なもの」であることを指摘し、「このような佐藤訪米の意図に反対すると共に、即時無条件全面返還の闘いを、全力を挙げて闘わなければならない」という「11月闘争行動要綱」を決定した。11月の佐藤訪米阻止闘争の基調をなす基本的要求は「即時無条件全面返還」であり、その内容は四つの目標で構成していた。

すなわち、①対日平和条約第三条の撤廃、②平和憲法の完全適用、③一切の軍事基地撤去、④安保条約の廃棄――である。

「11・13全国統一行動」に呼応して、「核つき・基地自由使用をたくらむ佐藤訪米・軍事基地撤去・安保廃棄県民総決起大会」は、復帰協が中心となり、24時間スト・16団体（2万5千人）、その他、政党、女性、学生、基地周辺の市町村など非政治的組合も含んだ諸団体（4万3千人）、総勢約10万人を動員している。

◆返還協定に反発

こうした中、1969年11月22日、佐藤・ニクソン会談の結果、共同声明が発表された。声明は日米の軍事、政治的一体化を確認し、それを前提として、いわゆる「72年、核抜き、本土並み」の沖縄返還を発表した。これに対し復帰協は、①沖縄の核付き、基地自由使用返還を実質的に規定したものであり、②これによって、アジア核安保への体制を確立したのも同然であるとし、③自衛隊の核武装と軍国主義復活への道を一段と強化した――とする抗議声明を発表した。26日には、抗議大会を開き、「佐藤自民党内閣打倒」というスローガンも採択している。

続く70年5月4日には、復帰協執行部の他に、県労協、教職員会、全沖労連、沖青協、婦連、社大党、人民党、社会党でつくる5・19ゼネスト闘争委員会が設置され、改めてゼネスト態勢を確立し「返還協定粉砕ゼネスト」として決行される。これは、この時期遂行された日米両政府に対する復帰運動側の最大の抗議行動だった。

しかし、71年6月17日、東京、ワシントンを宇宙中継で結んで、沖縄返還協定がついに調印される。

復帰協は「県民の〝返還〟協定調印に抗議する声明」の中で「われわれは戦争体験に基づく反戦平和の立場から、一切の軍事基地撤去と安保廃棄による完全復帰を強調してきたにもかかわらず、この四半世紀にわたる県民の熾烈な要求を、全く無視して調印された〝返還〟協定を断固拒否するとともに満身の怒りをこめて抗議するものである」としている。復帰協が主張する「協定の不備」とは、①核の撤去が明記されていない、②対米請求権の放棄、③米資産の有償引き継ぎ、④大幅な軍事基地の提供――などを指していた。

運動側の協定に対する認識をまとめれば、米軍基地の合法化および安保条約の強化による沖縄基地の固定化といえる。「復帰によって沖縄民衆の基地にまつわる不安は解消されない」と強調し、施政権の返還に限定されたことに復帰運動の「挫折」感を表明するに至っている。

「復帰要求」を切り詰めた内容の返還協定は、「祖国復帰」の本質を根本的に問い直す必要性を生じさせた。これを機に、沖縄の知識人らが一斉に「祖国復帰」を問い直す論議を始めるに至るのである。

6、高まる要求―本章のまとめ

この章では日本復帰運動の展開における「要求の高まり」を、「民族主義的復帰」「憲法復帰」「反戦復帰」という「祖国復帰」概念の変容に沿って捉え、その歴史・政治的過程を概観してきた。

この「要求の高まり」が意味するものとは、「子が母の元に帰る」という言葉に象徴される素朴なナショナリズムに基づく「祖国復帰」から、自治、人権、平等、平和に象徴される「市民性」理念の追求を体現する「祖国復帰」概念への移行である。

このプロセスには、例えば「平等」や「平和」という憲法理念への根源的な問い掛けが、沖縄の同一性に深く関わる「復帰」概念を、「民族」や「国民」を超えて、ベトナム、アジアへと広がる理念に至らしめる展開が存在する。この一連の展開から見抜かなければならないのは、戦前に構築された「市民（良民）」＝「国民（臣民）」＝「日本人（大和人）」という癒着の構図を、「市民性」理念の実現化を目指す地点から、取り壊していく過程である。

最初の「民族主義的復帰」が、この癒着の構図を体現した復帰論であったのに対し、「憲法復帰」から「反戦復帰」へと「復帰」主張が移行する過程では、「日本人」と「国民」、さらには、「国民」と「市民」、それぞれの意味内容を反照的に問い返させる（＝分節化する）論理的契機が準備されていくのである。

ここでいう論理的契機とは、「復帰要求の挫折」の地点から開始される「日本国民になる」ということの意味追求の起点であり、「日本国民」に所属することの正統性を、歴史的存在としての「沖縄人」を登場させつつ模索したり、問いただしたりするときの原点でもある。

「憲法」「国民」「日本人」――これらのタームは、「沖縄返還」が軍事戦略を含んだ「日米両国の取引」＝「領土返還」として定義された瞬間に、カテゴリーそれぞれの正統性あるいは正当性を確保する論拠の必要性を生じさせたのである。復帰運動の中では、沖縄米軍基地が「平和憲法形骸化」の要因となり、「沖縄への過重な負担を強いている」という状況認識が、70年前後は圧倒的に主流であった。

そうした中、これからどのような「沖縄」を構想していけばよいのか、という問題が沖縄の同一性を巡る議論、すなわち復帰論・反復帰論における最大の論点として浮上するのである。

【コラム❹】屋良建議書／県民本位の施策提起／国会は「沖縄の訴え」無視

「もともと私たちは沖縄の基地を容認していません」——1969年11月10日午後3時50分、首相官邸。屋良朝苗主席は佐藤栄作首相を前に、立ち上がって文書を読み始めた。驚いた首相は「座ったままどうぞ」と言ったが、屋良氏は「沖縄からの最後の声です。重要なことですから」と立ったまま文書を読み続けた。9日後にニクソン大統領との会談を控えていた首相に、沖縄の即時無条件全面返還や沖縄基地の自由使用・攻撃兵器の発進不許可などを求めたのだ。

13日、沖縄では佐藤訪米抗議統一ストが行われた。那覇市の与儀公園で開いた「核つき、基地自由使用返還をたくらむ佐藤訪米反対、一切の軍事基地撤去、安保廃棄」を求めた県民大会には5万7千人が参加し、「核つき、基地自由使用返還は新たな差別と屈辱をもたらす」と糾弾した。

しかし、21日に発表された日米共同声明は「72年返還」を明記したものの、沖縄の基地の保持に合意した内容だった。米国は基地の最大限の自由使用を確保し、日本側はそれを認めた。「平和な島を建設したいという県民の願いとは相いれない」。屋良主席は返還後も基地が残ることに不満を表明。復帰協は「復帰は当然だ。基地の問題は納得できない」と反発した。26日に与儀公園で開かれた共同声明に抗議する県民大会には2万人が参加した。

71年10月15日。屋良主席は政府が閣議決定した復帰関連7法案の総点検を琉球政府職員に指示する。点検作業は「復帰措置の総点検＝『琉球処分』に対する県民の訴え」という文書にまとまり、最後は「復帰措置に関する建議書」（屋良建議書）と題して結実する。地方自治の確立、反戦平和、基本的人権の確立、県民本位の経済開発を基本理念に据え、132ページに及ぶ。基地撤去を前提に、沖縄が自己決定権を行使し、新しい県づくりに臨む考えを盛り込んだ。

法案では振興開発計画の策定権者が国になっていたが、「地域住民の総意」を計画に盛り込むことを建議書は求め、国は地方自治体が策定した計画を財政的に裏付けるための「責務を負う」と唱った。県民意思に基づく計画が大前提だとくぎを刺したのだ。米軍基地に対しては、県民の人権を侵害し、生活を破壊する「悪の根源」と指摘し、撤去を要求、同時に自衛隊の沖縄配備にも反対した。

11月17日午後3時16分。衆院沖縄返還協定特別委員会は、怒号と罵声の大混乱の中、返還協定を抜き打ちで強行採決した。沖縄での公聴会はなく、参考人も呼ばず、審議はわずか23時間。

建議書を携えて上京し、沖縄返還協定が強行採決されたことを記者から聞かされ絶句する屋良朝苗氏（1971年11月17日午後4時ごろ、東京都）

この日、質問に立つ予定だった沖縄選出の安里積千代、瀬長亀次郎両議員の質問は封じられた。施政権返還前に国政参加が実現したのは、協定の審議に加わるためだったが、沖縄自らの運命に関わる重大局面で、沖縄代表と県民の声は無視された。

「めちゃくちゃだ」――午後3時17分、屋良主席は建議書に込めた「沖縄最後の訴え」を国会に届けようと、東京・羽田空港に降り立っていた。ホテルで記者団から採決を知らされ絶句した。その日の日記にはこう記した。「党利党略のためには沖縄県民の気持ちと云うのは全くへいり（弊履＝破れた草履）の様にふみにじられるものだ。沖縄問題を考える彼等の態度、行動、象徴であるやり方だ」

【コラム❺】日米の沖縄統治方針／基地「自由使用」で一貫

米国の沖縄統治は1940年代後半から沖縄基地の「恒久化」を最大の目標に据える。それ以降、沖縄基地の最大限の「自由使用」は現在に至るまで日米の一貫した方針となった。60年代後半、復帰運動は激化し「基地撤去」を要求するに至る。安保闘争と相まって基地機能の維持が困難な事態に陥るのを恐れた米政府は施政権返還が「合理的」と判断、その実現で事態を回避した。だが沖縄住民にとって「非合理」な基地集中による被害は変わらず、人権や自治権保障など、沖縄の要求との矛盾は根深く残ったままだ。

日本政府は「自由使用」に積極的に協力してきた。有事の際の米軍による核兵器持ち込みや軍用地の原状回復費の肩代わりなど密約の存在は、自国民の意思をないがしろにしてでも米国の利益に奉仕する姿勢が垣間見える。

米国にとって終戦後の沖縄統治は、基地を政治的・経済的にいかに効率よく維持できるかが最優先の課題だった。戦争中は沖縄の基地を本土爆撃に使い、終戦直後は対日監視の役割を与えた。日本への占領施策が安定すると、在沖基地の軍事的重要性は大幅に低下し、沖縄の統治政策は放置され、混乱した。米軍上陸から46年7月までに、軍政府長官は陸軍→海軍→陸軍→海軍→陸軍とめまぐるしく変わり、政策は場当たり的だった。

◇高圧と時間稼ぎ

47～48年、米国の対日政策が「敵国」から「同盟国」に転換、共産主義国に対する「脅威」論が強まると、沖縄の「長期保有」策が主流になった。経済援助で復興を促し、沖縄統治の経済的コスト軽減を図る一方、政治的には高圧策を実行した。「軍政府は沖縄における最高の統治主体」と声明し「軍政府が統治する限り恒久的な民主政府の確立はできない」と断言した。

主席公選署名運動(1965年10月15日)

50年に沖縄群島政府を設置し、群島知事を公選するなど「連邦制」が構想される。しかし、群島政府は52年に廃止し、主席公選も無期限延期して琉球政府による間接統治を取る。公選は基地機能の維持を困難にすると恐れた。

軍政府は経済援助などで住民の「黙認」を得ようとしたが失敗する。住民の高まる要求に少しずつ譲歩し沖縄統治の〝延命〟を図る一方、ワシントンでは66年、「沖縄特別班」を結成し、

沖縄の日本復帰記念式典であいさつする屋良朝苗氏（1972年5月15日）

施政権返還による沖縄の基地機能への影響を検討した。その結果、影響はB52などの自由発進だけと判断し、基地機能維持を前提にした施政権返還に転じた。

高等弁務官のアンガー（66～69年）、ランパート（69～72年）の主な任務は、沖縄特別班や東京の米大使館と密接に連絡を取りながら、日米が沖縄返還に合意するまで復帰運動が爆発点に達しないよう時間を稼ぐことだった。このため68年に主席公選を認めるなど住民要求にも譲歩した。

一方、日本政府は米国に積極的に協力した。例えば、キャラウェイ高等弁務官の「自治権神話」発言や強硬な離日政策のために分裂した沖縄自民党の合同を図るため、本土自民党は沖縄の保守勢力に懸命に圧力を加えた。B52の爆発事故を受けて2・4ゼネストが決まった際、日本政府は屋良朝苗主席に回避を強く働き掛けた。

施政権返還は日米両政府の思惑通りに行われた。両政府は、放置すれば、60年安保闘争よりも激しい大衆運動が起こると予想した。返還協定の批准を巡る公聴会で繰り返し強調されたのは、批准が遅れれば日米関係は極端に悪化し、沖縄のみならず本土でも基地の維持が困難になるということだった。

Ⅲ

1970年前後における復帰論と反復帰論の分析

1、新たな「沖縄人」の誕生

✦「日本人／沖縄人」の関係性

１９７０年前後、沖縄返還プログラムが日米間においてほぼ確定され、「返還の在り方」を巡って最終的な協議が行われる中、日本復帰運動は、「反戦平和」「基地撤去」「即時無条件全面返還」というスローガンを全面的に打ち出し、要求を満たそうとしない日本政府への抗議を強めていた。ここでは返還協定の在り方への反発を契機に、「祖国復帰」概念を徹底的に問い直そうとした70年前後の復帰論と反復帰論を取り扱う。

「祖国復帰」概念の問い直しの動きは、前章で述べたように、「復帰要求の高まり」という政治・運動における歴史的コンテキスト(文脈／状況)において登場したものである。この議論は、実際の日米返還協定の在り方が、運動側の「復帰要求」の内容と大きく異なるものであったことが契機となっている。中でも、在沖米軍基地の重要性が日米政府において再確認された点が議論の火種となった。この時期の「祖国復帰」概念を問い直した、復帰論も反復帰論も、この点においては強烈な「反発」を表明している。重要なのは、「祖国復帰とは何か」「日本国家とは何か」「沖縄人とは何か」など根本的な問いを設定し、「沖縄の主体性」の歴史的在り方について検討している点は共通していることである。

この章で注目したいのは、この検討において対立的に設定された「日本人／沖縄人」という共同体の表象の関係性である。反米的な「祖国復帰」運動が圧倒的な政治的主導権を握る中、運動内部でタブー視されていた「沖縄人」という民族名称が、「同一民族」として自明視されてきた「日本人」に対し、対照項として公然と姿を現したのである。加えて、この論議に参加した面々をみる限り、当時の沖縄における著名知識人がそろっており、議論は盛り上がりを見せた。

この「祖国復帰」論議を分析することにより、返還協定によって確定された「祖国復帰」の現実が、どのように意味付けられ、議論の俎上《そじょう》に乗せられた「日本人／沖縄人」という共同体の表象の関係性が、どのように分節化されたのかを明らかにする。

✦三つの分析課題

この分析に当たり、I章で述べた論理的枠組みを前提に、分析課題を簡単に確認しておこう。

第一に、各論者において、個としての種の自覚がいかなる契機により発見され、それをどのように言語化し、さらに「日本人／沖縄人」をいかなる関係として分節化したのかを明らかにする。端的にいえば、論者の「沖縄へのこだわり」の所在と、その位置付けを問題にする。

復帰運動が当初、「日琉同祖論」を自明の前提に据え、「日本人」を米軍への抵抗のシンボルとしたように、戦後沖縄における日本復帰に向かおうとする「日本人」志向の中では、「沖縄人」という民族名称は被差別的名称として忌避される向きがあった。米軍政が、日本との分離政策の一環として「沖縄人（Ｏｋｉｎａｗａｎｓ）」を用いていたことからも、この名称を公に使うことは避けられていたのである。こうした中で、「沖縄人」を「祖国復帰」論議の中で公然と表明することが政治性を有することは疑えない。

まさしくこの表明が、「祖国復帰」論議という政治的言説の場において「日本人」との関係を説明するためになされるとき、それは「分節化の政治」という実践的影響力を意味するのである。「分節化」とは、発話行為や表明によって、既存の言語や言説から異質な要素を引きながらも、それらの要素を分析したり結び付けたりすることであった。言葉を発する個人によって、経験や認識、状況などが異なるので、新たな偶発的な意味の結合を生み出す営みでもある。ここで言う「分節化の政治」とは、沖縄返還協定という「否定的現在」と、沖縄戦や差別の歴史などの「過去」を結び付けたり、「日本人」に異議を申し立てる他者としての「沖縄人」を登場させたりすることで、新たな社会関係を生み出す実践である。

第二に、「祖国復帰」概念を定義する際に持ち出される、「自立」「共生」「平和」「人権」「平等」「ヒューマニズム」などの「市民性」理念への志向と、「国家」あるいは「国民」との関係性が、どのように理解されたかについて検討する。この分析では、「市民性」理念を参照することによって、「日本人」／「沖縄人」の歴史的関係性をどのように認識し、いかなる評価を与え、いかにしてその関係性を書き換えようとしたのか、という点に注目したい。なぜなら、復帰論も反復帰論も、これら二つの共同体表象の歴史的関係性が、「否定的現在」と重ね合わせて説明されているだけでなく、これらの「沖縄」を構想するとき、自己が生まれ変わる可能性を未来に投げ掛けていく脱自的歴史を展望しているからである。

この論理構成を検討する際、注目したいのは、「日本人」／「沖縄人」の関係の「現在＝現実」を、共同体の構成員が共に生きている時間をくくって実体化し、それを根拠に二つの共同体の関係性をどう分節化するかである。その分節化は同時に、現在の自己を否定して未来へ向けて変えていくために両者を再分節化する試みも含まれている。

第三に、「日本国家」との否定的関係の現在と、その否定性を通過した「市民性」理念への志向から必然的に導き出されている「沖縄の自立」という論点が重要である。各論者によって、「自立」の意味と方向性にバリエーションはあるものの、ここで問題にしたいのは、復帰論・反復帰論の双方が土着へ向かうことでは共通している点である。

この点に注目するのは、新たに立ち上げられた「沖縄人」という主体が、復帰後「自立」論議において、どのように定義されていくのかを見極めるために、「祖国復帰」から「自立」へと移行していくときの土着性に向かう論理を、より正確に把握したいからである。

最後に、これらの分析を通して復帰論・反復帰論から導き出された「日本人」／「沖縄人」の関係性を念頭に置きつつ、本章の最後で両論の論理構成を整理し、新たに立ち上げられた「沖縄人」という主体の意味について考察する。この共同体表象が、いかなる性格を有しているのかをなるべく正確に把握するために、I章で述べた（43ページ）、フランスの思想家・バリバールの「市民主体―生成」

の概念を手掛かりにして、「沖縄人」の主体構成を検討したい。

そこから導き出される次の課題は、1972年5月15日における沖縄返還の実現によって「祖国復帰要求」が切り詰められた後の「主体」の行方である。これを知るために、復帰論と反復帰論、双方において共通に志向された「沖縄人」という主体が、いかなる論理によって構成された存在であるのかを明らかにしたい。

なお、分析に当たり、復帰論は、大田昌秀、大城立裕《たつひろ》、反復帰論は、新川《あらかわ》明、川満《かわみつ》信一、岡本恵徳《けいとく》、仲宗根《なかそね》勇、それぞれの論考を分析の対象としている。

■復帰論者の略歴

▽**大田昌秀**　1925年、沖縄県久米島生まれ。45年、沖縄師範学校在学中に鉄血勤皇隊の一員として沖縄戦に参加した。戦後は琉球大学教授を経て90年～98年まで沖縄県知事。

▽**大城立裕**　1925年、沖縄県中城村生まれ。67年、「カクテル・パーティー」で芥川賞。93年、「日の果てから」で平林たい子文学賞。2015年「レールの向こう」で川端康成文学賞。

■反復帰論者の略歴

▽**新川明**　1931年、沖縄県西原町生まれ。沖縄タイムス編集局長、社長を歴任。

▽**川満信一**　1932年、沖縄県旧平良町（現宮古島市）生まれ。沖縄タイムス論説委員、「新沖縄文学」編集責任などを歴任。

▽**岡本恵徳**　1934年、沖縄県旧平良町（現宮古島市）生まれ。63年、東京教育大学大学院文学研究科修士課程修了。66年、琉球大学に赴任、近現代沖縄文学を研究し、同大教授を務めた。

▽仲宗根勇　1941年、沖縄県旧具志川市(現うるま市)生まれ。東京大学卒業、元裁判官、評論家。

2、復帰論の構造

①告発の中の「沖縄人」

✦沖縄へのこだわりの表明

復帰論、反復帰論ともに共通する特徴の一つに、論者自身の「沖縄へのこだわり」が表明されていることが挙げられる。さらには、その表明が「われわれ沖縄人」という共同体の表象と二重写しでなされていることも共通している。このように、「祖国復帰」論議の中で、沖縄の現状が語られるとき、決まって出てくる語りの様式は、「私にとっての沖縄」という告白であり、自己の内面との連続性において「沖縄」を位置付けようとする説明方法である。

この点に注目するのは、強烈な現状否定の衝動が、単に個人の感情として処理されているのではなく、「われわれ沖縄人」にとって共有しうるものとして措定されているからだ。すなわち、「復帰」にしろ、「反復帰」にしろ、「沖縄側の要求」を否認した日米返還協定の在り方への抗しがたい反発の感情の表明に、「われわれ沖縄人」という概念が用いられているのである。この「沖縄人」とは、いうまでもなく、「本土日本人」に対する異議申立人として立ち上げられた主体である。

最初に問題にしたいのは、この「沖縄人」を裏付ける「こだわり」の所在である。「こだわり」を問題にすることは、「沖縄人」という、復帰運動の運動方針でタブー視されていた民族名称が表明されなければならない根拠を突き止めることでもある。結論的にいえば、このとき表明された「沖縄人」は、これまで存在してきた民族集団を指し示すものというよりも、論者の身体を揺るがすほどの「否定的現実」を前に、現在の経験を言語化するプロセスにおいて持ち出されたものであり、それこそ「沖縄人」と「日本人」の関係性を分節化する努力なのである。

✦沖縄戦の体験

さて、最初に、当時の復帰論を代表する人物である大田昌秀の「復帰」言説を取り上げよう。大田は、復帰思想を歴史的に跡付け、「祖国復帰」の根拠を示し、復帰運動の代弁的役割を果たした社会学者である。当時、彼が著した文献・論文の質量や反響をみる限り、復帰論を率いるオピニオン・リーダーであったといえよう。大田は、自分自身の「沖縄へのこだわり」について次のように述べている。

「これまで、わたしは、『沖縄』と深くかかわってきた。ほとんどの時間とエネルギーを沖縄の本質的問題の解明にかたむけてきた。『沖縄』と深くかかわってきたのは、たんにわたしが沖縄で生まれ、そこで育ったからではない。沖縄は、わたしにとって『生まれ故郷以上のもの』、やや誇張していえば、わたしの実存のいわば原点を意味するようにおもう。沖縄が、わたしの原点たりうるのは、何よりもわたしが、そこで沖縄戦を体験したことによる。ことさらに意識していようと、いないとにかかわらず、沖縄戦の経験が、いろいろな意味でその後のわたしの生き方を規定してきたことは、否定できない。沖縄戦を生き抜いた人々には、生き方の原点を沖縄戦における異常な体験に据えている者が少なくない」（大田『沖縄のこころ』岩波新書）

ここに見られるのは、大田の「沖縄へのこだわり」が、沖縄語を話し、沖縄の生活習慣に慣れ親しんでいるから、つまり沖縄文化の中で育ったから存在するのではなく、沖縄戦という生死に関わる暴力的状況を体験したからこそ、意識されているという点である。しかもその体験が、「生き方の原点」として多くの沖縄の人々と共有されているものであることを確認している。大田の「沖縄戦の記憶」は、このように「共同体の記憶」として自明視され、「沖縄戦の体験」を共有し、同じ時間を共に歩んできた人々同士の存在が想定されている。すなわち、戦争という過去と、返還協定という現在とを結ぶ時間を共有している「記憶の共同体」の存在が考えられている。この論理によって、次の発言のように、大田自身の「生き方」が「沖縄人」全体の問題として提起されている。

大田昌秀氏

「戦争がすみ、沖縄中部の屋嘉捕虜収容所にいれられていたとき、わたしは、竹切れの先を砕いて筆をつくり、食事時に支給されるコーヒーを墨汁代わりにして、紙片や缶詰のふたなどに『新生』とか『再生』といった文字を倦むことなく書きつづけた。『国家意志』とか『国益』といった空語に、自己の全存在をゆだねることなく、こんどこそ、みずからの人間的願望にもとづく主体的な生き方を求めて生まれ変わりたいと切実に願ったものである。だが、戦後二十数年におよぶ道程をかえりみて、それが『新生』の名にふさわしい実質をもちえたとは、おもえない。戦争体験をとおして学びとったはずの『人間的生き方』にたいする執着も、人間的価値の追求も、深化蓄積されたというより、むしろ国家施策に押し流され、あげくは『いつかきた道』を、ふたたびたどらされつつある感さえいなめない。わたしには、『沖縄の歩み』そのものが、わたしたち個々人の実人生と同じ道行きをたどらされているようにおもう。県民大衆の意志に反して、沖縄は、外部の支配権力による他律的な生き方を余儀なくされているとしか言いようがない実情である」（前掲書）

✦自律的生き方

この発言において重要なのは、個人的体験が共同体の体験として表象されているのみではない。重要なポイントは、まさしくその共同体的体験が、返還協定の確定という政治過程の現在において、自己否定を経て「国家意志」や「国益」を相対化することで、「いつかきた道」を想起させる「共同体の死への道標」として把握されていることである。大田は自らの体験から、共時的空間を共に生きる共同体の表象（「沖縄の歩み」）を創り出したのみでなく、「他律的生き方」という過去の否定と、「人間的生き方＝自律的生き方」を根拠に、自己を変えていく可能性を秘めた「未来」を開く、あるべき共同体を示唆している。この論理の帰結ついて、以下のように、返還協定を拒否することが、未来へ向けて「人間的に生きる」ことして正当化されている。
「今日、沖縄にとっても、また個々人にとっても、みずからの生を主体的に生き抜く余地は、きわめて狭小である。狭小だとはいえ、人間性を否定され、主体性を拒否された生き方は、精神的に『死』を意味するにもひとしいことは、わたしたちが戦争の惨禍から学んだ貴重な教訓である。そして、可能性を求めてみずからの全生命を燃焼させていくこと自体、人間的生き方の重要な側面でもある。それゆえ、**沖縄の民衆が、あかるい未来を切り拓くため『返還協定』の内容を拒否する動きに示したように、主体を放棄した安易な選択を排し、たとえ困難な道程ではあってもより自律的な生き方を求めて歩みつづける立場を固執してやまない**のは正しい（太字＝引用者）と思う」（前掲書）
彼が「自律的な生き方を求めて歩みつづける立場」というとき、暗黙に想定されているのは「人類的な社会」への志向性と、二つの共同体的種差の存在である。すなわち、この理念的社会を参照することにより、「本土日本人」に対する共同体的種差として「沖縄人」が設定されている。なぜなら大田が「沖縄戦の死」を含意させた「他律的生き方」という表現を用いるとき、想定された他者とは「本土日本人」に他ならないからである。すなわち、「本土日本人」を頼って生きると、「沖縄の悲劇」が繰り返されるという危惧が暗示されている。従って、「本土日本人」との他律的関係を脱することは、返還協定への反発と拒否の態度に示されており、「沖縄戦の死」の再現を回避する態度として正当化されている。
この論理に政治性を看取できるのは、「沖縄戦の死」という過去が、現在の政治空間に立ち現れ、異議申立人としての「沖縄共同体」が、個の「死」を共有する「運命共同体」として表象されている点である。

✦「醜い日本人」

これらの論理に含意された政治性をもう少し細かくみてみよう。「国益」を盾に沖縄の米軍基地を正当化することに対する不信感が、「沖縄戦の記憶」を生々しく語ることによって表現されている。

「『東洋平和のため』『国益のため』といった空疎なスローガンと引き換えに、当時の総人口の三分の一に当たる15万人余の住民が死んだ。摩文仁海岸には、まるで薬物を浴びた虫けらのように、死体の山がどこまでも連なっていた。それを目撃しながらわたしがいだいた疑問は、これほどの犠牲を正当化できる『国益』とは一体何か、ということであった。いくら考えてみても肯定的な答えは見いだせなかった。死者のほとんどが他律的に死を強制されたのにも等しかったからである。したがって『沖縄を防衛する』ための戦争ということも、言葉以上の意味は持ちえなかったし、少なくとも守られたのが沖縄住民でなかったことは明白だった」(大田『拒絶する沖縄』サイマル出版)

大田は、「国益」の名の下で「死」へと追いやられた沖縄住民を、沖縄戦の具体的描写の中に浮かび上がらせることにより、返還協定が沖縄にとって何を意味しているのかを比喩的に言い表そうとしている。**その意味とは、「他律的な死」である。**それを想起することが意味する重要な点は、「国益」を拒絶する契機となっていることだけでなく、沖縄の人々が自立すべき相手を設定している点である。すなわち、返還協定に暗示される否定的過去を、この「他律的な死」に帰することで想定する、沖縄が自立すべき他者である。「運命共同体」として措定された「沖縄人」を、「死」へ導きかねない、敵対視すべき相手とは、大田が言うところの「醜い日本人」に他ならない。
大田は「日本人は醜い―沖縄に関して、私はこう断言することができる。……沖縄戦の処理すらまだされていない。本土の日本人は、沖縄戦の実態をほとんど何も知っていない」と厳しく告発し、「本土以上に危険な沖縄の事態を、本土の日本人が放置していることに対する不満は、沖縄出身者の胸中に思想・信条の差異や党派の別なく、共通して一種のしこりとなってわだかっているとみてよい」（大田『醜い日本人』サイマル出版）と述べている。
要するに、大田の反発の源となっているのは、本土日本人が、沖縄戦という過去の責任だけでなく、沖縄の現状をも放置し続けていることに対する「いらだち」なのである。しかも大田にとって、この「いらだち」は、「沖縄戦の体験」の想定とともに終わることのないプロセスとして理解されている。「戦後、わたしは、『戦争を忘れてはなるまい』という気持をもちつづけてきた。だが、わたし個人の主観的な意志よりも、沖縄には戦争を『忘れたくても忘れさせてはくれない』客観状況がある。核兵器から毒ガスまでも擁する巨大な米軍基地の中に沖縄があり、しかもその基地が『ベトナム戦』と直結している以上、わたしたちは、戦争と無縁で生活することはできないのである。したがって、沖縄住民にとって、沖縄戦は、25年前に幕を閉じた『太平洋戦争さいごの戦闘』として物語の対象にしうるようなものではない。それは、ちがった形で現在もつづいている『終わりなき戦い』であり、現在の客観状況が一変しないかぎり、いつまでも『終戦』にはなりっこない」（大田『拒絶する沖縄』）
大田の「沖縄へのこだわり」は、忘却を許さない「客観的状況」の中で、絶えず想起される「沖縄戦の記憶」に存在している。この「記憶」とは、フランスの思想家・ルナンが、国民の本質的な存立条件として設定した「忘却」に回収されない領域である。つまり、この「記憶」を喚起し続けることは、「日本国民」という同一性を脅かし続けるのである。

そして、その「記憶」を想起し発話し続けることは、大田にとって、現在だけでなく、未来をも奪い返すためにも取り組まねばならない実践的課題として与えられている。それは「国民」という表象を脅かす分節化という政治実践である。その実践とは、「死」への「運命共同体」である「沖縄人」を設定し、「醜い日本人」と対─形象化することにより、これら共同体表象の抗争的関係を明確にすることで、鋭い対立を示す、政治性を帯びた実践である。

要するに、大田の、個としての「沖縄人」の自覚は、返還協定の拒絶という現実の否定性を、「自律的に生きる」という発想から「人類的社会」の構想へと至る弁証法的思考過程において、「醜い日本人」との種差から生じているのである。

✦同化と異化

大田と同様、復帰論の代表的人物である大城立裕は、沖縄の人々が持つ、「日本人」への違和感を文化的問題として把握する。大田にみられた「本土日本人」への不信感と、同じ日本人として沖縄人を理解してもらうことへの訴えが、大城においては沖縄のアイデンティティーのアンビバレンス（二律背反性）として設定されている。

「異民族差別ということになれば、抵抗もストレートにいくはずなのに、沖縄の場合そうではない。日本のなかの沖縄の位置というものは、同民族支配という矛盾のすがたといえる。……つまり私たちは、はたしてどの程度に日本人であるのか、その文化のそこばくの異質感を、どうしてもさけることができないからである」（大城『同化と異化のはざまで』潮出版社）

大城は、「日本人」と「沖縄人」との関係を同一民族とみなす「日琉同祖論」に結果的には立脚する。しかし、両者の関係の中に同質性と異質性が共存しているありようを看取し、「沖縄の人々の複雑なメンタリティー」という見方から内面の奥深くを解き明かそうとする。

「おもえば戦後、私たちの民族意識というものは、いかに微妙に、またはげしくゆれてきたことか。戦争からサンフランシスコ条約にいたるまでの、一連の本土からの裏切りのなかで、戦争中わすれていた明治以来の恨みつらみを思い起こし、事ごとにそれを口にしながらも、やはり日本復帰へ盲目的につきすすんできた喜劇をおもいだしてみると、よい」（大城・大野明男「対談　創造力の回復としての復帰」『現代の眼』）

大城立裕氏

ここでは、終戦直後の初期復帰運動が、この「恨みつらみ」を含んだまま展開されてきたことが示されている。この展開について大城は、日本への異質感が、日本への同化を求める主体の関与によって、同時に形成されてきたものであることを見抜いていた。

「復帰運動のかたちは、政治的には『人間回復』→『自治権拡大』→『反戦平和』と重点を移していったが、文化的には日本への同化の道を歩んだようなものであった。生活万般におけることである。同化の道を歩みながら差別に違和感をあからさまに持ったというのが戦後文化の不幸であるが、これは数世紀来変わらなかった沖縄歴史の宿題であって、ここには、『日本なしで生きたい』という願望と、『日本なしに生きられるか』という疑問とが共存している、といわなければなるまい」（大城『同化と異化のはざまで』）

✦「やまとは怖い」

「同化」というプロセスの中で培われた日本に対するアンビバレントなアイデンティティーは、大田が「こだわり」を表明するときの姿勢に含まれているものとしても理解できる。そのアンビバレンスの問題が、大城によって現在的課題として位置付けられているのと同時に沖縄史全体の歴史的課題にもされている。というのも、大城は、沖縄返還協定のプログラムが確定された現在を、極めて「歴史」に関わる状況であるとして把握しているからである。この協定に対し、沖縄の人々の「怒り」を誘発させている現状を次のように述べている。

「政府権力の強さを発揮するものとして、かつて米軍は恐ろしいものであったが、そのころは同民族として甘える相手であった日本のその政府が、こんどは中央権力としてのイメージをよみがえらせる季節を迎えた……『ヤマトは恐い』という意識が、昨今の沖縄人の皮膚の一部を塗っている。これは歴史上の経験がよみがえったものである。歴史上に培われてきた脅威からまだ解放されていないのである」（前掲書）

この指摘において重要なのは、「ヤマト」への「恐怖」が差別の歴史とともによみがえったという指摘だけでなく、沖縄人の身体に言及している点である。大城が説明しようとするのは、戦前から沖縄戦へ至るプロセスにおいて払しょくしてきた「沖縄人」性という身体性に食い込むスティグマ（差別的烙印）の想起や沖縄戦における「悔恨」と、それらが「沖縄へのこだわり」を鮮明に刻印しているありようである。沖縄近代史における歴史的記憶を呼び覚ましたとする「身体的恐怖」は、大田が言うところの「他律的死への恐怖」という歴史と重なる。大城が開示した沖縄の人々の「ヤマト」に対するアンビバレントな心性は、この「沖縄人」への怨念ともいえる強烈な「恐怖」に規定されているのだ。

②「祖国復帰」と「沖縄人」の意味

✦「復帰」正当化の論理

こうした自身の内面性の洞察から発話された大田、大城の復帰論における「祖国復帰」とは、結論的にいえば、「平和憲法下への復帰」であり、この主張には、沖縄の否定的現実を打開していくための実利的戦略が含まれていた。この復帰論に内在する戦略的論理とは、不信感の対象である「本土日本人」とは別に、「あるべき日本」を設定し、「本土」と「沖縄」が「あるべき日本」へ同時に帰るという「復帰」正当化の論理である。

この論理構造を分析するとき重要なポイントとなるのは、大田も大城も、「あるべき日本」という憲法理念の実体化を要求した志向性を打ち立てるために、「沖縄人」を歴史的カテゴリーとして用いている点である。つまり、「日本人」と「沖縄人」の序列的差別の歴史を、現在と照らし合わせ、その連続性を開示することで、差別されてきた、劣等感を代表する「沖縄人」と、差別を乗り越えようとする対峙的で自立的な「沖縄人」が表明されているのである。

そこには同時に、「沖縄人」を差別する経験的「日本人」と、憲法の「平和・平等理念」を遵守する理念的「日本人」とを峻別する思考様式が存在する。対峙的で自立的な「沖縄人」がなるべき（「復帰」すべき）理念的「日本人」が構想されているのである。

例えば、大田は「戦後の沖縄に起こってきた数々の民主化運動をはじめ、将来も起こるであろう政治運動、もしくは民衆運動は、沖縄の日本人がもつ認識を抜きにしては、とうてい把握できない」と述べ、「沖縄の屈辱的事態の原点は、単に沖縄戦にあるにとどまらず、はるか遠くからの深い歴史的根拠を持っているのである」とし、沖縄が本土から差別を受けてきた歴史の数々を開示している。

当時進行中だった国政参加を巡る政府の対応に対する沖縄の人々の不満は、明治期の沖縄における参政権運動の挫折と重ね、「本土日本人」の沖縄への差別と偏見は、明治36年の人類館事件や昭和期の方言論争と対応しているとし、さらに「核付き核抜き」「基地撤去」を巡っては、沖縄戦を引き合いに出している。

こうした歴史に登場する「沖縄人」とは、「日本人になる」努力の積み重ねと、それへの「裏切り」を体現する、差別の対象として浮かび上がる存在なのだ。この歴史的存在として表象された被差別的な「沖縄人」が、差別を自覚し返還協定を拒否する対峙的で自立的な「沖縄人」へと変換され、現在の経験的「日本人」と対―形象化されることにより、差別されてきた「沖縄人」は現在的意味を獲得している。端的にいえば、ここに表象された「沖縄人」は、過去の差別を明確化し、現在のそれを告発する、二重の意味を持った主人公として登場しているのである。

✦「本土の問題」

また、大田は、郷土歴史家の比嘉春潮《ひがしゅんちょう》が「17世紀初頭から今日まで、360年の沖縄の歴史は、忍従と屈辱の歴史である。このことを忘れて、現在の沖縄問題を考えることはできない。私には、沖縄人の心の奥底に、この歴史の重みが深く沈んでいるように思う」と述べたことを引用し、「要するにその根底には、日本の一億の国民を生かすために、沖縄の100万足らずの日本人は、犠牲になるのもやむを得ないという考えがある。……大の虫を生かすためには、小の虫を殺しても差し支えないという発想が根底にある」と述べた。問題は、「本土人の認識がどうであれ、沖縄現地では本土から差別され犠牲を強いられていると普遍的に考えていること」にあるという。そして「沖縄戦で十数万の沖縄県民の『血であがなったもの』が、その後、米軍が大ぴらに核基地化した『核基地沖縄』でしかないということは、誰の目にも明かである」（大田『醜い日本人』）と結論付けている。

こうして大田は、「沖縄人」が「血であがなったもの」に報いるためにも、「祖国復帰」を「完全なる日本人」への同定化=平等化の実現として考えなければならないとする。従って、「本土日本人」への「祖国復帰」要求は、以下のように、過去に対する責任問題と併せて極めて国民的な問題として提起されている。

「沖縄県民が、何度も繰り返して本土の日本人に要望していることは、ぜひもう一度ふり出しに戻って考えてもらいたい、ということにほかならない。すなわち、本土政府と国民が、対日平和条約において、沖縄96万県民の意思を問うこともなく、本土自体の独立をあがなう代償として、沖縄県のみをその住民もろとも異国に売り渡してしまったということを。したがって、沖縄問題は、決して単なる沖縄県のみの問題ではなく、本質的に『本土問題』であり、日本国民すべてが解決に当たるべき問題だ」（前掲書）

この大田の要求を考えるときに重要なポイントは、「日本国民」に対する呼び掛けが、「日本国民」それ自体の在り方の正当性の問題として提起されている点である。例えば、復帰運動における重要目的の一つであった「国政参加の実現」を「単にみずからの権利を回復することだけにとどまらず、日本の形骸化しつつある『民主政治』に内実を与え、日本政府の対米従属の姿勢を正し、民族的独立を達成すること」として位置付けている。沖縄の要求は「日本を生かす」積極的な意味を持つというのだ。

「もはや、いかに強大な権力をもってしても、またいかなる口実によろうとも、沖縄県民の正当な権利を拒否することは不可能である。沖縄県民にとって、権利を取り戻すことは、とりもなおさず『人間的に生きる』ことを意味する以上、目標に前進する以外に、道はないからである。屋良新主席は、当選後はじめて上京した際、『本土政府ならびに国民に望みたいことは、沖縄県民の希望を虚心に受け止め、施策に生かしてほしい』と要望したが本土の日本人が、その要望をいれることは、まさに日**本を生かすことになる**（太字＝引用者）のではないだろうか」（前掲書）

このように、大田にとって「日本国民」とは、平和憲法を根拠に「人間的に生きる」ことを保障することによってはじめて正当化されうる存在なのである。従って「沖縄人を生かすこと」が、「日本人を生かすこと」と等置され、平和憲法を護る理念的「日本人」に「復帰」することが、お互いの課題として設定されているのである。

✦ヒューマニズム

一方、「文化創造力の回復」を「祖国復帰」の正当化に据える大城立裕の場合も議論の底流にあるのは、ヒューマニズムという「人権擁護」＝「憲法擁護」である。彼のいう「真の復帰」とは、個々人の人権が保障されることを前提とし、これまでの沖縄の歴史にみられた非主体的な同化のプロセスを、「土着文化への誇り」を持つことによって改め、「沖縄人」としての気概を培う「文化創造力の回復」こそが重要であるとして、この議論の中では大田と同じように、日本自体も生まれ変わることが条件とされている。

「復帰とは、私のばあい『東京』に象徴される日本の腐敗文化に盲目的に追随していくことを意味しており、その性根をすてようと提案していくことにほかならない。真の『復帰』とは、文化創造力の回復だと考えたい。一見二つの顔をもつ沖縄の主体性の、血液はやはり一つである。そのような文化的体制を沖縄がとりうるならば、そのときおそらく本土の各地方の土着もこれに呼応するだろうし、日本文化が中央集権から脱却する契機ともなるはずであろう。沖縄の日本復帰はそれでこそ意味があり、そのときはやはり『本土復帰』ではなく、生まれかわるべき『日本』への復帰であるはずなのだ。見かたによれば、それは、沖縄の本土への復帰ではなく、本土の日本復帰だということになるかもし

れない（太字＝引用者）」（大城・大野、前掲書）

ここでは、沖縄のアイデンティティーのアンビバレンスを一つに収斂《しゅうれん》させる方法として土着文化に向かう必要性が主張されている。しかも沖縄の土着文化を回復させることが、日本文化が中央集権から脱却するための可能性として位置付けられている。大田の論理と同じように、「生まれかわるべき『日本』」という理念的「日本」が構想されている。ならば、この理念的「日本」を巡って大城は「国家」をどう理解したのだろうか。「国家」の位置付けに関して、次のように述べている。

「『日本の国家』を教え込まれ、自分を捧げ裏切られた私は、潜在的には、『独立できるものなら、そのほうがよい』と思っていたようです。教育については、『ヒューマニズム』のみを教えておけばよい、と主張していました。この考えは、いまでもそれほどまちがっているとは思いません。『国家』というものは、社会の秩序をたもつひとつの手段にすぎないのであって、絶対的なものではない。『ヒューマニズム』だけが絶対の価値である。これこそ沖縄の新生のための旗印だ、とその頃から考えるようになりました」（大城「沖縄自立の思想」『現代の眼』）

このように、大城にとって理念的「日本」とは、正確には国家を超える価値である「ヒューマニズム」を実現させる装置なのである。別の箇所では「なんといっても個人個人として、人間としての価値の尊厳、それが一番大事だと思う訳です」と述べていることからも、個にとっての国家の正当性は「人間としての価値の尊厳」という絶対的価値を保障することに求められており、国家はそのための「手段」という位置付けしか与えられていない。

✦思想の動脈硬化

以上、大城の「祖国復帰」概念に含まれる志向性をやや乱暴に整理すると、「文化創造力の回復」という「沖縄の土着文化の再生」と、「ヒューマニズム」という「個々人の人間性の回復」が、同じ「沖縄再生の条件」として「祖国復帰」概念に同居している。一見すると、この二つの条件は、異なった位相の問題のようにみえるが、そうではない。重要なのは、「ヒューマニズム」という「類的存在＝人類的社会」を志向する論理において認識の俎上に上る「沖縄人」と「日本人」の社会関係が、「沖縄の土着文化の再生」を起点に新たな関係に分節化されている点なのである。

すなわち、歴史的文化的にみた場合の、「同化される側」と「同化する側」という従来の社会関係が、「主体的に生きる沖縄人」という自立的「沖縄人」の登場により、再分節化されているのである。ここに、戦前における「市民（良民）」＝「国民（臣民）」＝「日本人（大和人）」という癒着の構図を崩そうとする分節化の努力が看取されねばならない。新たに立ち上げられた「沖縄人」は、土着文化に誇りを持った、文化創造力の担い手であるだけでなく、「ヒューマニズム」を勝ち取り、さらに中央集権を打開しようとする「市民的存在」として構想されているのである。

注意すべきは、この努力が、国民国家が憲法などで保障する「市民性」原理を根拠になされているという点である。これは前述した、「日本なしで生きたい」、しかし「日本なしで生きられるか」という「日本」に対するアンビバレントな志向性と関わる問題である。すなわち、国民国家が有する差別的排除と、憲法など市民性理念に体現された「魅惑」というアンビバレンスが、まさしく沖縄の同一性を巡る志向性に刻印されているのである。この側面をもう少し具体的にみてみよう。

大城は、経験的「日本人」に対する違和感を、次のようにはっきり表明している。

「『私たちは日本人です』と叫ばなければどうして生きられないのか。『アメリカに包み込まれまい』と用心するところから出てきたのはわかるとしても、それをいかにも本質的なことであるかのように、民族運動の中枢にすえてきたおかげで、思想の動脈硬化におちいったのだ」（大城・大野、前掲書）

ここでは「日本人」であるとする自己認識の本質化こそが問題であるとし、復帰運動を批判している。つまり「非日本人」から「日本人へ同化」することが本質的な問題ではないとしている。だが、この主張の内には、「日本人」になることと「日本国民」になることとの矛盾が生じている。大城が抱えた「自己矛盾」とは、「思想の動脈硬化」を打開するために持ち込まれた「ヒューマニズム」の論理が、その実現化の思考過程で「日本人」に対する違和感を内包しつつ展開されねばならなかったところに起因しているのである。その「はがゆさ」を次のように告白している。

「みずからの結論として『日本復帰』のほうへ傾いていきました。アメリカ統治下における人権問題が、このまま根本的にどうにもならないと考えたからです。経済よりも人権を優先すべきだと考え、治外法権やアメリカ民政府の拒否権をゆるす体制の中で、ヒューマニズムが生きていくことの困難を思いはじめたのです。それに、貿易などの国際関係でも、沖縄のあいまいな地位がわざわいしていることを知り、歯がゆく思ったからです。やはり『国家』が必要であると思われました。それでも、日本復帰運動が、無条件に、非理性的に進められていくような風潮をみて、よい気持ちではありませんでした」（大城「沖縄自立の思想」）

このように、大城が告白する「よい気持ちではない」という感情は、経験的「日本人」に対する不信感を内に含みつつ、「祖国復帰」を主張せねばならない現状に対する「はがゆさ」なのである。大城が陥らざるを得なかったアンビバレンスとは、より具体的には「日本なしで生きたいが、日本なしでは生きられない」という「引き裂かれた自己」の体験である。それは、人権が剥奪されている否定的現実を打開するための「やまと志向」と同時に生じる「やまとへの不信」の間で生じているのである。

✦差別と暴力の歴史

大城は、このアンビバレンスの問題は沖縄の文化的問題であるとしている。その説明のために、復帰を目前に控えた頃に生じた、沖縄における「集団自決」(強制集団死)を巡る戦争責任論議を取り上げている。鹿山《かやま》正兵曹長が戦争中に久米島における住民虐殺を指示したことへの「謝罪拒否」を巡って大城は次のように述べている。

「久米島住民ないし沖縄の民衆一般にとって、あれはただの『過去』ではなくて、『現在』を説明するに足る過去である。そして、さらにさかのぼる『歴史』をひきずった過去完了である。言い方を変えれば、このような反応のしかたを見て、『いまさら』と言うよりは、あの『過去』にたいしてなお憤りと怨みを発しなければならない『現在』とは何であろう、あるいは『歴史』とは何であろう、ということを考えなければならないのではないか。その『現在』の意味というのは、性懲りもなく再び日本の軍事植民地、差別支配の対象となろうとする動きへの不安にみちている、そのことだ。不幸な歴史はまだ改まらないのか、ということだ。ヤマトの沖縄に対する意味、沖縄のヤマトに対する意味は、あの時も今も変わらないのだ、ということを、鹿山事件における住民の表情は示している——このことは端的に言えるであろう。世のある種の人々にとっては常識である」（大城『同化と異化のはざまで』）

沖縄返還を目の前にして大城の前に立ちはだかったのは、「ヤマト」による「差別と暴力の歴史」であった。ここでいう「歴史」とは、単なる過去ではなく、現在の地点から過去を再定義する「過去で構成された現在」といえるものである。この「歴史」が想起されるときは、「日本人になりたくてもなりきれない」という沖縄のアイデンティティーを言い表した有名な言葉がリアリティーを獲得する瞬間でもある。比喩的にいえば、この瞬間に、沖縄近代史の生活実践のプロセスにおいて払しょくしてきた「沖縄人」が再び首をもたげ、「引き裂かれてゆく自己」の隙間に侵入してくるのである。

だが、その時、改めて再定義される「沖縄人」には、「被抑圧民族」という過去の被差別的存在を抜け出し、「ヒューマニズム」と「土着」の価値を志向する「個性」という新たな価値が与えられているのである。

③「自立」への提起

✦「自立」への道を求めて

さて、復帰論者は「祖国復帰」概念を「平和憲法下への復帰」と規定し、理念的「日本人」への「復帰」を志向すべきものとして構想していることを述べてきた。しかし結果的に日本国家を志向する復帰論者でさえ、「本土の憲法形骸化」という自らの認識内にある論理的矛盾を解消せねばならなかった。

すなわち、それを解消するための「沖縄の主体性の確立」という展望の延長に「自立」という問題を設定しなければならなかったのだ。

「平和憲法への復帰」の延長線上に、「日本人」と「沖縄人」の人間解放を設定した大田の場合、「民主主義の内実化」や「平和理念の現実化」といった共通課題の遂行において、「沖縄人」がイニシアチブを取っているという状況把握を前提に、その結果として「沖縄の自立」を構想している。この点について述べている箇所を、やや長くなるが引用しよう。

「県民大衆が希求してやまない『真の復帰』なるものは、けっして戦後二十数年のたんなる『戦後処理』の問題ではなく、沖縄の過去のいわば『総決算』であり、同時に『新しい沖縄』の創造を意味するということである。これを原理的にいいかえるなら、現状況下では『平和憲法』の理念に内実を与える持続的な努力を通して沖縄人にみずからの、ひいては『日本人』の人間解放をはかることだといえよう。これは、『所与の』原理・思想といったものではない。沖縄の民衆が戦前から沖縄戦にかけてのにがい体験と戦後の苦難にみちた戦いを切り抜ける過程で、幾多の試行錯誤を経て身をもってつかみ取った貴重な結論だといえよう。この点、本土における民主主義が当初から上から与えられたイデオロギーとして出発し、しかも所与の権威をもち、なんら自己否定の契機をもちえないまま形式的なものに転落したのとは、対照的である。……沖縄の復帰運動が『全面返還』とか、『反戦復帰』などのスローガンによって志向してきたのは、……現にある平和憲法下の『状況』といったものではなく、憲法理念を内実化する『過程』であり、それは沖縄のこれまでの歩みの持続延長にほかならない。

……17世紀の中葉に、傑出した政治家、羽地《はねじ》朝秀が、政治的配慮から日琉同祖論を唱えて以来、今日まで一貫して日本化がすすめられてきた。明治12年の置県以後は、政治、文化、養育、風俗、習慣すべての面で、極端な皇民化がすすめられ、沖縄人にとって日本人のアイデンティティーを取得することは、あらゆる犠牲を支払うに値する至上命題にさえなっていた。にもかかわらず、沖縄出身者は、総体としては未だって『真正な日本人』として処遇を受けたことはなく、国家権力によって裏切られ放しだった。こうした過去の歴史的体験からして、沖縄が自立し、人々が真に解放されるためには、**日本人としてのアイデンティティー**をうるだけでは十分でなく、それ以上にまず、『**人間としてのアイデンティティー**』を確保することが不可欠だという認識にいたった。つまり、日本化を指向するあまり、現国家体制にまるごと組み込まれるのでは、救いがないことを実感するようになったとみてよい（太字＝引用者）。……わたしが、復帰実現の方途として評判の芳しくない『平和憲法』の実体化に固執せざるをえないのは、思想・論理の次元でならともかく、現実に国家を廃絶できる見通しは全く暗いことから、とりあえず、その媒介的役割の意義を買うからにほかならない。周知のとおり、新憲法は、日本一国の国家原理を越えて人類に普遍的な価値を指向している点で、国にとってもまた人間としての個々人にとっても、その実現は挑戦に値すると思われるからである。加うるにそのことは、沖縄の大衆が復帰運動の柱として当初から現在にいたるまで一貫して持続、発展せしめてきた反戦平和にかなうものだからである」（大田『拒絶する沖縄』）

✦「人類普遍」の憲法

ここで大田が志向する「自立」とは、要するに、個々人の人間性を確保することを第一義的に考えて現実的に日本国家を必要とするが、まるごと国家体制に組み込まれることは、「人間としてのアイデンティティー」としても、「沖縄人としてのアイデンティティー」としても、「日本化の犠牲」にならないという理由から拒絶するという姿勢である。こうした「自立」の意味は、憲法の理念を根拠に、現状の国家の内実へ挑戦していくものと理解できる。言い換えれば、「沖縄の自立」は、種的類としての国民という理念的「日本人」としてのアイデンティティーを獲得するだけでは十分ではなく、「市民性」原理における「絶対的類」であるところの「人間」としてのアイデンティティーを確保しなければならないという主張なのである。また、こうした市民的普遍性に訴える志向性は、沖縄の軍事基地を基点に想像される「アジア諸国民」や「人類」への配慮として具体的に言及されている。

例えば、大田が「沖縄の民衆の多くが、復帰と同時にもくろまれている自衛隊の沖縄配備に頑強に反対しているのも、かれらが、特定のイデオロギーにまどわされたり、身の安全を願慮するからでなく、むしろかれらが強調しているように、沖縄や日本の将来の問題をふくめアジア諸国民、ひいては人類の未来に想いを馳せているかにほかならない」（大田『沖縄の民衆意識』弘文堂）というとき、立ち上げた主体は、普遍性を志向した形式性と象徴性の高い主体である。以下でみるように、大田の人生経験と沖縄県民の生活上の必要性から提起された「平和憲法」への志向は、日本国家を越える視野に拡大され、「あるべき祖国」と「沖縄の自立」が成立する「社会」とは、「人類普遍」の市民性原理に内実が与えられた「類的社会」に他ならない。

「日本国憲法が実質的に県民大衆の生活上の規範として希求されているだけでなく、米軍による軍事優先の不当な支配に対する抵抗の重要な拠点となっている。……沖縄戦の体験から来る平和への希求が何にもまさって強いことに安堵するとともに、それがより一層生活の場で血肉化することを心から祈らざるをえない。……新憲法の理念はいくらか誇張していえば、その後の人生を規定したとさえいえそうである。……思うに、沖縄県民が『平和憲法のもとへ帰る』というのは、それが日本本土の憲法だからというのでなく、あるべき祖国の、いな人類に普遍性のもちうる憲法だからである」(大田「沖縄と日本国憲法―『平和憲法』下への復帰は幻想か」『世界』)

ここで問題にしたいのは、大田が志向する「ユートピア的社会」ではない。市民性理念を志向する、象徴性あるいは形式性の高い「主体」が、「沖縄人」として再定義されたときに含んでしまう両義性である。大田の語り口が、土着へと向かうとき、沖縄の人々が「平和憲法」を志向することが、あたかも自然な文化的属性であるかのように語られてしまっている。

「沖縄には、郷土史家の比嘉春潮氏が紹介しているように、『チュニクルサッテーニンダリーンシが、チュクルチェエーニンダラン』、すなわち人に傷めつけられても寝ることが出来るが、人を傷めつけては眠られぬ、という意味のことわざがある。沖縄住民が、これ以上基地を容認することによって、近隣諸国民にたいする加害者の立場には立ちたくないと欲するも、**こうした土着の精神風土に根ざしており**(太字=引用者)、したがって、『自衛隊の沖縄配備に反対』という主張も、中曽根防衛庁長官が公言しているように、一部県民だけの声ではない」(大田『沖縄の民衆意識』)

このように沖縄の平和思想の論拠が、沖縄の土着精神に求められている点は注意せねばならない。大田が沖縄のことわざを持ち出し「こうした土着の精神風土に根ざしており」というとき、「沖縄人」の文化的特性として「平和への希求」がア・プリオリ(あらかじめ前提として)に設定されてしまい、本土日本人をますます「醜い日本人」（大田）として他者化する言説機制が働いてしまっている。こうした土着主義へ向かう論理の問題性については後に取り上げる。ここでは、大田の、普遍性を志向する「主体」が「土着主義」を含んだ両義的な存在であることを確認するにとどめたい。

✦土着の海洋文化

こうした両義性は、大城における「沖縄の自立」志向からも読み取れる。大城の場合、沖縄問題を文化問題と捉えていることから、大田より土着文化への志向性が強い。だが、土着文化といっても、大城の場合は、その可能性を、むしろ土着的なものを変更していくハイブリッド（異種交配的）な文化編成に求めている。それは、沖縄で一般に言われる「チャンプルー文化（混合文化）」の発想に通ずるものがあるが、彼はそうした沖縄の文化的な混合性を、土着性の豊かさとして掘り下げることにより、インターナショナルな要素を発見していくことを試みている。

このような「文化的自立」論に立つ大城の展望は、沖縄の海洋文化への注目が起点となっている。この国境を越え得る「海洋文化」への着目は、沖縄の人々が本土に対する「文化的劣等感」を克服し得る地平として設定されている。大田が復帰運動における「平和への希求」という市民性理念の追求に「土着の精神」を付与することによって、「沖縄の自立」を展望したのに対し、大城は、沖縄の土着文化に国家を飛び越える要素を発見し、日本国家による政治的支配からの「精神的自立」を構想している。

「土着をそのまま掘り下げていけばインターナショナルなものに通ずる、といいましたが、それと同時に過去の歴史、特に黄金時代の形成にかんがみて、外来文化——これは海の持つエネルギーということを考えれば、海洋文化といってもいいと思うが——それからの影響を沖縄は大きく受けてきたので、土着のなかに見られるインターナショナルな要因とともに、改めて外来文化を受け入れ、活用することによって、土着にさらに豊かさを加えるという考え方も必要だ。具体的にいうと、アメリカの支配を脱して本土と一体になる、それがいいか悪いかは別として、対アメリカ・アレルギーはこの段階で一応は排除できるわけだから、これからは平和的に外来文化を受け入れて、沖縄的に評価していくことによって、日本文化に貢献していく可能性がある」（大城・大野、前掲書）

この記述にみられるように、大城は、琉球王国が大交易時代を形成していた時期を「黄金時代」と名付け、歴史的背景を持つ「文化的寛容」に、これからの文化創造を展望しようとしている。これこそ、大城の言う、「祖国復帰」＝「文化創造力の回復」に基づく「沖縄の自立」志向に他ならない。本土と沖縄との優劣関係を反転させていこうとする試みは、以下でみるように、「文化的自立」の問題として明確に構想されている。

「日本に支配される位置で日琉同祖論を守り、それをもって劣等感克服の糧にする時代を、もはや抜け出すべきである。政治的な独立は、できなければできないでよいし、かならずしも必要条件ではないと思う。ただ、文化的に自立とイニシアティヴをとることが大切である。自衛隊が進駐してきて兵隊町になる可能性のなかで、どう文化の塁を守ってそれを発展させるか、である。もうそろそろ、古来の海へひらけたエネルギーをとりもどすことによって、沖縄から日本文化へ逆に貢献してよい時期ではないか」（大城『同化と異化のはざまで』）

✦主体的歴史を創ること

以上のように「土着文化」を強調する大城にも、大田と同様、過去の責任を問いただし、普遍的理念へと向かう「沖縄人」という主体が想定されている。その議論で重視すべきは、この「沖縄人」という「主体」が、日本を変えていく「変革主体」として構想されている点である。加えて、その営みは「『歴史』をつくる」ことであるという。この「逆転の発想」が「沖縄の自立」と重ね合わされて議論されていることに留意したい。変革を担う市民のような「主体」について大城は次のように述べている。

「戦争責任論議とは、たんに人を裁くことに意味があるのでなく、『歴史』の罪悪について深く思いをいたし、とりかえしのつかない『歴史』にたいして責任を負うことを考えることだと思います。それがなかったということは、やはり沖縄にみずから『歴史』をつくる心構えがなかったということでしょう。その主体性のなさが、沖縄の悲劇をやがて『日の丸欠落』のせいにしたり、インターナショナリズムの美名にかくされた『対米依存』の精神を育てたりしたのでしょう。戦争責任を問うことは、ヒューマニズムのためであって、ナルシシズムのためではありません。もし沖縄がこの経験を通ってきていたならば、他の民族にたいする非人間的なアクションをともなう軍事基地建設には、みずからもっと強力な批判をもって立ち向かうことが出来たことでしょう。そして、日本復帰についても、『復帰』というアクションによって日本の反省と変革に寄与しえたし、その局面で沖縄みずからの『主体』を確立しえたでしょう」（大城「沖縄自立の思想」）

大城のいう「沖縄の自立」とは、「日本文化への貢献」や「日本の反省と変革」といった言葉に見られるように、国家それ自体の拒絶を意味するものではない。国家からの分離・独立ではなく、沖縄が有する歴史的文化的特性の内にインターナショナルな要素を発掘し、その可能性を展望するものである。留意すべきは、この発想の基底にある「ヒューマニズム」という市民性原理である。

言ってみれば、「沖縄の土着文化」の可能性が再発見されるのは、この「ヒューマニズム」の志向性が前提となっている。この論理展開において重視すべきは、普遍性を志向する論理において、沖縄の「土着性」を新たに再定義する実践である。この論理については本章の「4、復帰論と反復帰論の共通点」で考察する。

3、反復帰論の構造

①告発の中の「沖縄人」

✦「やまと志向」批判

大田昌秀の復帰論の分析において明らかになったのは、「沖縄戦の体験」が「沖縄へのこだわり」の源になっていることであった。これに対し、反復帰論の識者は、「沖縄戦の原体験」というよりむしろ、「ヤマトから差別されてきた」という歴史意識を、自分自身の問題として対象にしているところに特徴がある。

一方、大城立裕の復帰論を取り上げることにより、返還協定へと進行する政治過程において蓄積された「ヤマト」に対する違和感や不信感のありようが、アンビバレント（二律背反）なアイデンティティーとして自己分析されている点を指摘した。

このアイデンティティーの問題を重視する反復帰論の各論者は、自らの自己の内に潜む、このアンビバレンスと真っ向から向き合い、問題の対象にすることにより、沖縄の否定的現実を打開していく思想的起点を模索している点は共通している。このアンビバレントなアイデンティティーの問題を巡って反復帰論が復帰論とたもとを分かつのは、復帰論において、理念的「日本人」への「復帰」が構想されたために、「いらだち」や「はがゆさ」が残されてしまったのに対し、反復帰論では、いかなる「日本人」あるいは「日本国家」をも拒絶することで、アンビバレンスの源となっている「ヤマト」への劣等感や不信感から解放されることを志向している点である。

沖縄返還協定に抗議し、デモ行進する市民ら（1972年、那覇市歴史博物館提供）

端的に言えば、「ヤマト志向」自体を完全に拒否している。

反復帰論者が復帰論者に対して持つ反発は、復帰論者が「ヤマト」に対する「不信感」や「違和感」を思想的自立の問題として議論せずに放置し、結果的に「日本国家」を志向してしまうということ、すなわち、「近代史における沖縄を繰り返すこと」に対する警戒心が強く存在する。

従って、反復帰論の問題の射程は、現在の復帰論を批判するだけでは十分とせず、近代以降、復帰論の発想に連なる「ヤマト志向」の土着知識人全ての批判に及び、さらに、これらの知的営みを再検討することにより、沖縄史全体の基調を改めようと試みているのである。

✦相克する心情

最初に新川明を取り上げよう。新川は、本土で体験した「60年安保闘争」において、沖縄がほとんど問題にされなかった点に不信を抱き、「祖国日本」への心情が変化したことを、その当時の心境を託した詩を織り交ぜながら説明している。

「……日本よ／祖国よ／そこまできている日本は／ぼくらの叫びに／無頼の顔をそむけ／沖縄の海／日本の海／それを区切る／北緯27度線は／波に溶け／ジャックナイフのように／ぼくらの心に／切りつけてくる。……そのころすでにわたしの中で、さきにのべたユートピアとしての日本は、その現実に足を踏み入れたことで体験的に消滅していた。さらに『母なる祖国』の心情主義も音をたてて崩れつつあった。しかしなお、『復帰』はたたかいたり得るという信念のごときものは根強く生きつづけていた。そしてさらに、そのような『復帰』のたたかい（すなわち沖縄問題）を、欠落させてたたかわれつつあった60年安保の日本の状況を前にして、わたしの中で日本と日本人に対する不信感と拒絶感も大きく育ちつつあった。いわばそのような『祖国』不信の情念と、なお『復帰』はたたかいの思想たり得るという二つの相克する心情が、この詩編に露呈されていることが指摘できると思う」（新川『非国民』の思想と論理」、谷川健一編『沖縄の思想』木耳社）

新川が表明する「祖国復帰」に対する心情の変化が、「相克する二重意識」として自己分析されている。しかし、ここで最も重要なポイントは、60年安保闘争という個としての体験から生じた不信感と拒絶感が、「日本」と「沖縄人」との関係として説明されている点である。新川は、個人としての自身の経験的違和感を言語化することに際し、この二つの共同体の表象を持ち出して次のように明示する。

新川明氏

「いっぽうに片親が日本の人間であることをことさら強調する心情をもつ個性があり、いっぽうにはことさらにそのことに反撥と侮辱を覚える存在がいるということに、そしてさらにそのことが意識的な問題となり得るところに、やはり沖縄と日本のかかわり方、沖縄人と日本人のかかわり方があらわれているというべきであろう」（前掲書）

安保闘争における体験を契機とした自己内部のアンビバレンスが、二つの自己を自覚させる思考において、二つの共同体の表象が動員されているところに注意せねばならない。やや論理的にいえば、「現実の否定」から生じている「自己矛盾」

が種差的関係に置き換えられて説明されている。この新川の自覚化の思考において文化的差異から文化的種差への飛躍が看取されねばならないだろう。すなわち、個としての経験的違和感を、「日本人」と「沖縄人」という民族的カテゴリーを用いて説明することで、より一般性の高い次元の問題として提起しているのである。

✦忘れられた「沖縄人」

新川の反復帰言説の分析において、さらに焦点を当てたいのは、この「引き裂かれた自己」の問題が、極めて長期的な歴史的スパンから議論されている点である。新川は明治期における伊波普猷《ふゆう》の思想を分析することにより、伊波が陥った二重意識を問題にしている。すなわち、伊波がこの二重意識を思想的問題として徹底的に追究せず、啓蒙家を兼ねた知識人として結果的に「沖縄人のヤマトへの同化」を促す役割を果たしてしまった限界性を指摘している。

「そのような自己矛盾に引き裂かれる自己の内面世界を、冷徹な個の位相で対自化することによって、その矛盾を思想的に止揚していくという努力は、伊波においては見ることはできないし、その思想体質がもともとそれを不可能にしているところに、伊波の悲劇的な限界性をみることができると思う」（前掲書）

新川は、自己の内部に潜むアンビバレンスを思想の問題として位置付け、伊波の他にも、この問題と対峙してこなかった沖縄の土着知識人らへの従来の評価を覆そうとする。「ヤマト志向」の知識人らの歴史と決別し、「反権力を志向する民衆の歴史」を掘り起こすことにより、沖縄の人々が「日本人」

になり得ない部分の所在を突き止め、そこに対抗的「沖縄人」の姿を発見しようとする。新川が試みるのは、「否定的現実」の「現在」という時間的地点から歴史を再構成し、「復帰思想の系譜＝復帰論」を根本的に転覆させることなのである。

その「否定性」の発見的役割を演じているのが、歴史に埋もれている、自己に目覚めた自立的な「沖縄人」である。これを開示することによって、「国民」＝「日本人」に回収されない「歴史的記憶」の領域を掘り起こし、「ヤマト志向」に特徴付けられる、従来の「日本人」と「沖縄人」の関係性を再分節化しようとする。新川の「沖縄へのこだわり」は、沖縄の人々が国家を志向した復帰論に傾くことで「忘却」されていくとする差別と収奪の歴史であり、その歴史の中に放置された「沖縄人」なのである。

「(ヤマトと沖縄との) 緊張関係の展開は、端的にいえば、差別と収奪に明け暮れる日本国家権力の支配の構造を外因とし、それに抗する沖縄人が、差別と収奪の支配構造を超克するのに、より完璧な日本人たるべきことをみずからに課する同化への志向を対置しながら、その願望の強烈な営みとは裏腹に、ついに日本人になりきることのできない違和感を意識の底にかかえて彷徨する情念の叛乱を内因とすることで紡ぎだされる。だから近代以降の沖縄の歴史過程で、現実に沖縄人みずからの生存を規制する体制秩序や権力に対する何らかの叛逆が試みられるとき、たとえその形態はどうであれ、叛逆の行動を内発させるバネとして重要な機能を果たすのは、沖縄人が日本との関係でかかえこむ意識の二重性であった」(新川「沖縄民衆史への試み」『「異族」と天皇の国家』二月社)

ここで問題の中心に据えている「意識の二重性」が、「沖縄の強み」として再定義されている点に注目しよう。「反復帰」主張において「国家」を拒絶する論理を展開するときの思想的拠点はそこにある。

✦「狂気」の所在

沖縄の人々の「ヤマト意識」に潜むアンビバレンスの領域を、新川が「差意識」と定義し、思想的拠点に据えたのに対し、川満信一は、そこに「遺恨」という概念を設定する。川満は、自らの「沖縄へのこだわり」の所在を、現実の政治過程に対する「狂気」に求め、反国家としての思想の拠点を「沖縄戦における死亡者」に置き、現在の沖縄住民は返還協定により、既に「死亡者台帳に記載されてしまった」とする。こうして過去と現在を取り結ぶ「死者」という位相から、自己の内部にある「狂気」の止揚を試みている。川満は、自分自身を襲う激しい「狂気」という身体性について次のように述べている。

「これまでの沖縄に対する政治的処理の過程で、わたしたちの精神は異様な狂気を孕《はら》んでくる。この狂気が、自分自身を精神病院の鉄格子内に引きずり込まないよう抑制する手段として、わずかにことばによって自己を対象化する方法をとるのだと思う。つまり、政治権力への告発とか抗議、弾劾も、自分の狂気への疾走をあやうく手綱しめるための、つまりはカタルシスなのである。とくに沖縄において、覚めた意識で自分を持続させようとするものは過酷に打ちのめされてしまう」（川満「わが沖縄・遺恨二十四年―死亡台帳からの異議申し立て」）

川満の身体を襲う「狂気」はどこからきているのだろうか。川満が見極めようとする「狂気」とは、「本土日本人」との抗争的関係の現在により、自己を否定して別の存在になることを企てた、自己を変えうる存在として、身体に粘着する「他者」である。ここで注目すべき問題は、この「他者」を、川満が何と呼んだかである。彼は、この「他者」の所在を突き止めようと苦悶し、歴史を遡行していく思考運動において、次のような結論に達している。

「歴史的願望の破局を目の当たりにして〝宿命の十字架はまだ続くのか〟と口ごもるその情念の渦は、日本の繁栄の下層に閉ざされたままひろがっている闇の深みから、遺念火《いねんび》（引用者注：火の妖怪）の執念で、遺恨をはらそうとしているなにものかではないだろうか」（前掲書）

ここでいう「歴史的願望の破局」とは、返還協定による復帰要求の挫折を指している。「宿命の十字架」とは、米軍基地を目の当たりにして沖縄の住民が沖縄戦より課せられた「死への恐怖」を意味している。このように、川満が「狂気」に付与する歴史とは、「被抑圧者としての沖縄人」という過去なのであり、そこから感得せざるを得ない「沖縄人」を自分自身の内に発見し、それを主題化し、乗り越えていくために、思考と発話を停止できずにいるのである。

川満信一氏

「沖縄人」として、彼が引き受けた歴史とは、「怨恨《えんこん》」とも呼べる情念であった。川満は、この言語化しにくい領域を、歴史と自らの身体の内に発見し、それを否定することで、自己を変える可能性を企てる思考プロセスにおいて苦悶しているのである。

✦非歴史の領域

言ってみれば、川満が自らの身体に潜む「狂気」と格闘し、それを言語化するときに見いだそうとした歴史における「沖縄人」こそ、沖縄近代史のプロセスで沖縄の人々が払しょくしてきた「沖縄人」というスティグマ（差別的烙印）にほかならない。川満を「狂気」へと導く歴史という感傷装置が作動するのは、「不潔」「怠惰」「未開」「狂気」として機能した、このスティグマが、歴史という表象において川満の主体を刻印する瞬間である。川満は、返還協定という否定的現実が、そうした歴史的「傷痕（トラウマ）」を再び呼び起こし、沖縄の人々の「情念」に蓄積していくありようを把握しようとする。

「島の風土性のなかで、もし人々が地走りのねずみのような情念の衝動に駆られているとすれば、それは政治的横圧力や縦圧力が、その楽天性を許さないほどの厳しさで人々を襲っており、また異なった優位の文化が、島の文化的基層にひび割れを生じさせ、危機的な情況をもたらしているからだといえよう。間もなく復帰させられる日本に対し、人々は気持の準備ができていない。沖縄戦で負った深傷を癒せないまま、今日の日本にどう向かえばよいのか苦しまずにはおられないのである。戦争中の日本軍と島民の間の隠微な関係や、生々しい残酷な記憶を和らげるかたちでではなく、その傷口に棒杭をつっこむかたちで、日本と沖縄との新たなかかわりがはじまろうとしている」（前掲書）

ここにおいて川満が自己の内部に見いだした「狂気」が、沖縄戦で負った、人々の「深傷」として定義されていることが分かる。言い換えると、沖縄における「過去」が、川満の身体をも揺るがす「現実」として自覚されている。だが、歴史の中に自らの主体を発見する川満が言語化しようとする領域とは、「沖縄戦の歴史」そのものなのではなく、「他者」をも含めた非歴史（非言語）の領域である。非歴史の領域とは、近代史の差別的歴史に埋もれた「情念」であり、いわばスティグマとして機能した「沖縄人」への「こだわり」でもある。この「沖縄人」というスティグマが、沖縄住民や自らの身体によみがえる思考プロセスを説明するために、川満は「過去即現実」という概念を用いている。彼は「沖縄人にとって『歴史』とは苦悩の同義語にほかならない」（川満「沖縄祖国復帰の意味」）と言い、「現在」の意識空間を規定する歴史認識について次のように記している。

「この重圧力として意識に働いているものは、時間の遡行というよりも〝過去即現実〟というかたちの〝時〟についての概念であり、そのために意識空間は、たとえば十七世紀初頭を生きた先祖たちの生活空間をも共有するかたちになってしまう。つまり、沖縄における時空間意識のもち方は、過去そのものを現代においても生きるということになって、そこから歴史認識が現実の自己認識を重層化するというパターンが持続されているのである」（川満「民衆論―アジア的共同体志向の模索」）

川満が説明しようとする「現在」とは、「過去」と重層的に重なる意識空間であり、こうした同じ時間を共に生きる者同士の自覚にこそ、「沖縄人」への自覚が求められているのである。新川と同様、川満も、被差別的歴史に潜む非歴史＝「情念」が、国民的時間の共時性に回収されることにより「忘却」されてしまうことを回避するために、歴史に表象されない「共同体の記憶」を問題にしているのである。この「記憶」を共有するものたちの存在を想定して、「沖縄人」という民族名称を付与しているのだ。

このように反復帰論においては、各論者が自らの身体に粘着する「他者性」を自覚化していくプロセスで、「沖縄人」という表象を付与し、それを歴史的な「記憶の共同体」として分節化することによって、「われわれ日本人（日本国民）」という、民族や国民の共時性を脅かそうとする自覚パターンが見受けられる。

✦もう一つの自己

ところで、自己の身体に「黒人性」を発見し、これと格闘したアルジェリアのF・ファノンと同様に、文学者の岡本恵徳も、自らの身体の中に「他者性」を発見し、それを言語化する思考過程で「沖縄人」を付与している。

「わたしが『沖縄』について問われ、それに正確に答えようと努力すればするほど語り尽くせない奇妙ないらだちをわたしは感じた。まともに答えようと努力すればするほど沖縄の実体は失われ、むなしさだけが残る。そして語られた言葉はねじまがってかたちばかりの、かたちばかりだから歪められてしまうところの、そういうものとして沖縄はあった。しかも、……下宿の狭い部屋の中できいた民謡のようにはげしくゆすぶるものとして、それはまぎれもなくわたしの内側にあるのだ。とすれば、わたしはわたしの内側にある『沖縄』をみきわめなければならない。次第にそう考えるようになった」（岡本「水平軸の発想」）

岡本は学生時代に上京する。その体験の中で、これまで自覚することのなかった、もう一つの自己の存在に気付くのである。岡本が「沖縄人」を自覚するプロセスには、「他者との出会い」を形象化していく過程があった。「ヤマトへの憧れ」を強め、「沖縄」を抜け出そうとすればするほど、自己の身体の内に「沖縄人性」を発見してしまうことを告白している。

「ひとたびは、古臭いもの、停滞してなれあいに終始する人間関係の支配する地域（＝沖縄：引用者）として脱けだしたものの、ところが実は、否定しつづけてきたはずのそれらが、ほかならぬ自己の内側で強く規定していることを意識したときに、自分であたらしくとらえなおし解決しなければならないもの、としてそれはあった。……自己の内側にあって、大きく自己を規定しえているもの、あるいは、意識的・自覚的にそれを対象化しないかぎり、まるごとに自己の生きていることが確かなものになりえないような、そういうものとして、それはあったのだ」（前掲書）

岡本恵徳氏

ここには岡本の、「沖縄人」として自らを自覚するようになっていく微妙な心境が語られている。だが、この告白を注意深く読むと、当初岡本が抜けだそうとしたのは「沖縄人」それ自体ではないことが分かる。岡本が否定しようとしたのは、第一義的には「古臭いもの」「停滞しなれあいに終始する人間関係」という「後進性」なのである。問題は、こうした負の価値が、「沖縄」という表象に集約され、「あこがれの東京」というイメージと対置したとき、これらの地域的表象がリアリティーを説明するものとして転倒するところにある。

「東京＝本土」が目指すべきものとして「近代」「進歩」「自由」などの諸価値とセットでイメージされ、「非近代」「後進」「不自由」を含むものとして「沖縄」が浮かび上がるという、対―形象化のプロセスがそこにはある。このプロセスの中で、それらは現実性を帯びたカテゴリーとしてくっきりと枠取られていくのである。

✦逃げられない苦痛

岡本の自覚化プロセスにみられるように、沖縄出身者が本土に渡り、強烈な劣等感あるいは違和感を覚え、その表現形態として「沖縄人」という宿命的民族名称を付与し、自覚化へ至るケースは数多く存在する（石原昌家「沖縄人出稼ぎ移住者の生活史とアイデンティティの確立」沖縄国際大学『文学部紀要』10―1など参照）。

例えば仲宗根勇も自らの「劣等感」に「沖縄へのこだわり」を付与し、「本土日本人」への違和感を言語化するプロセスの中で自問自答を繰り返している。

「おのれの血への覚醒、生まれへの憎悪、コンプレックス。しかもそれにもかかわらず、いやそれ故にますますこうずる『沖縄』へのやみがたき情熱。私はほとんど狂気のようにおのれの人間存在がただ他人の視線の中にのみあるという実存的感覚にがんじがらめにされ始めていた。おのれの人間存在にとって内奥の苦痛として重圧となっている『沖縄』とは何であるのか。そして小心な眼差しで沖縄の私たちが見る『日本本土』とは私たち沖縄日本人にとって何であるのか」（仲宗根「わが〝日本経験〟―沖縄と私」）

ここで述べられている「沖縄」とは、仲宗根の「違和感」が処理されるときに想起され、言語化されるときに形象化された共同体表象である。問題は、この表象がもたらすリアリティーが、仲宗根や沖縄出身者の身体にまで君臨して「苦痛」をもたらしてしまうという論理的仕組みにある。仲宗根は、沖縄出身者が体験する、この強烈に自覚化されていく「沖縄人」という身体性について次のように述べている。

仲宗根勇氏

「戦前の日本社会における、私たち、『沖縄人』の錯雑《さくざつ》した怨根《えんこん》（本土日本人と沖縄の自己自身への）は、多くの『沖縄差別』からきている。本土日本で、功成り名をとげた『沖縄人』が、東京の片隅で周囲を気にしながら、昼間、毛布をすっぽりかぶって、三味線（本土人は、本土のそれと区別するため蛇皮線という）をかき鳴らしていた（いる）という事実は、私たちを恐怖と滑稽の錯綜した想念におちこませる。本土日本社会における、このような『沖縄人』のありようは、沖縄の暗部として、私たちの精神世界の基底に、確実に措定され続けてきたものだ。本土日本人の中では、私たちは、『沖縄人』たることから逃げることは、結局のところ、できはしない。だから、そこで、私たちが生き残るには『沖縄人』たることを正面から引き受け、その倨傲《きょごう》なまでの姿勢を、彼らに反措定してぶつけるほかない。逃げて逃げて逃げきれない『沖縄人』たる私たちや私たちの祖先の、『沖縄人』たることからの逃亡のパターンがいくつか考えられる」（仲宗根「沖縄の遺書—復帰運動の終焉」）

仲宗根はその「逃亡パターン」として二つ挙げる。一つは「『大和人』に対して、正直に反情を示すなどという、いじけた心情は、当該個人の、『沖縄人』たることによってではなく、特殊＝個人的な、種々のインフォリティ・コンプレックス（劣等感）によって、過大に規定されたものだとし、つとめて『沖縄差別』の客観的な存在を過小に評価し、あるいは全く無視し、言語、姿態風俗にいたるまで、『大和』風をもってプラス・シンボルとし、自らもそのような態度をとる者」、二つ目は「極端なほどに『沖縄差別』に拘泥し、おのれの人間存在が沖縄に圧倒され、特殊＝個人的な差別さえ、『沖縄人』たることからの『差別』と等置しかねない『沖縄主義者』」（前掲書）である。

このように仲宗根は、「日本人になる」という主体が関与する実践の場で「日本人になりきれない」領域に「沖縄人性」を発見してしまう沖縄出身者のアンビバレントなアイデンティティーの現出形態を指摘し、自らの身体に宿る「他者」を説明しようとする。しかもそれは、「沖縄差別」という現実に由来する「逃げても逃げられない」苦痛なのだ。

仲宗根は、歴史において「差別されてきた沖縄人」をこのように表象することにより、自己内部に見いだした「劣等感」を説明しただけでなく、「沖縄差別」を問題の中心に設定することで、「差別する側」と「差別される側」という関係に「日本人」と「沖縄人」の歴史的関係を分節化している。

②「祖国復帰」と「沖縄人」の意味

✦「国家」「ナショナリズム」の否定

以上のような、反復帰論が持つアイデンティティーを巡るアンビバレンスの問題が収斂される一つの主張とは、「国民国家」の拒絶である。従って、彼らにとって、日本復帰運動により展開された「祖国復帰」とは、いくら「反戦平和」「基地撤去」を要求に掲げても、結局のところ、ナショナリズム以外の何ものでもないとみなし、もし「人類普遍の平和」を志向するのなら、「国家」や「ナショナリズム」は否定されねばならないとする。

また、日米安保体制によって「平和憲法」が形骸化されている日本の現状を見る限り、「祖国復帰」とは、沖縄にとって再び「沖縄戦の惨禍」を繰り返すこと以外に何ものをも意味しないという強い危惧がある。反復帰論者が「祖国復帰」を検討するとき共通しているのは、このような悲観的トーンである。

既に述べたように、反復帰論者が最も批判すべき対象として設定しているのは、「やまと志向」である。復帰論もその一つとみなしている。反復帰論者からみれば、いくら「平和憲法」に期待しても、「日本国民になる」とは結局のところ、戦前期における「日本人志向」の反復であり、こうした態度から改めなければ、沖縄戦の破局という「沖縄の死」が繰り返される可能性が高いと考えている。彼らの主張の論拠は、「平和」や「平等」を原理的に徹底させるのなら、結果的に「国家廃絶」まで構想されねばならないというところにあり、この意味では復帰論よりも市民性理念をラジカルに追求している。

だが問題は、国家を拒絶していくときの理念とその具体的方法をどのように構想するかにある。

反復帰論を全体的に俯瞰《ふかん》すれば、この問題に対し、沖縄の有する「異質性」にその根拠を求め、その可能性を追求している点では共通している。

✦「やまと志向」を拒否

まず新川の見解をみよう。

新川は「祖国復帰」という発想自体、ナショナリズムを問題の射程に入れていない点で限界があるという認識に立っている。沖縄における同化志向の歴史の悲劇は、まさにその点がネックとなってきたとみている。新川は、復帰運動が結局、国家に回収されてしまい、過去と同じような歴史を繰り返さないためにも、沖縄の思想的自立が必要だとし、そのために、沖縄史における「やまと志向」の知識人の言説や動向を検討し、沖縄の歴史の再構成を試みている。例えば、明治期における謝花昇の民権運動を、現在の日本復帰運動と比べている。

「国家とナショナリズムの否認に立たない、いかなる差別撤廃運動も、それはさらに大きく国家とナショナリズムに包摂されていき、終局的には国家それ自体の廃絶をめざしながら国家体制を根底的に変革するたたかいにはなり得ない論理的必然性を、その運動内部に内在させていることを意味する」(新川『『非国民』の思想と論理』)

こうした運動の限界を乗り越えるための可能性として、沖縄の人々が持つ「大和人」に対する「差意識」に着目する。新川はこの「差意識」について、「沖縄がこれまで所有してきた歴史的、地理的条件によって生成され、沖縄人の意識をその基層のところで強固に染め上げている日本に対する異質感、さらに極端にいえば『異族』感が表出したもの」(前掲書)と定義する。

それを「国家否定の思想として内発させ、これを持続的な反国家のたたかいの思想的拠点」とし、「日本と等質化をねがう日本志向の『復帰』思想を根底のところから打ち砕き得る沖縄土着の、強じんな可能性を秘めた豊穣な土壌」(前掲書)と位置付けている。また、「この土壌を丹念に耕し、掘り起こすことによって、そこに反ヤマト=反国家の強固な堡塁を築き、それによって日本志向の『復帰』思想を破砕することができる」としている(前掲書)。新川は「大和人」に対する異質感覚に基づく「沖縄人」を、「祖国復帰」思想を「打ち砕き」、国家を相対化する重要な思想的拠点とみているのである。

一方、川満は、この新川の土着的な「異質性」を思想的に一層深めようとする。

「『非国民の思想』というとき、単に沖縄が独自の歴史や文化を持ち、本土との間に異質性を持っているから、異族として非日本国民だという考えに基づいているのではない。そのような単純比較を基盤にしてものをいうのであれば、思想などということはいわないほうがよい……本土と沖縄の単純比較であるだけで、どこまでいっても異質性の実証に終始するしかないからやはりローカリズムといわれても仕方がない。……なぜならば、その視点の先には沖縄内部の支配も、個人と国家共同体の原理的関係も見えてこないし、従って支配の論理も国家の問題も個の内部の問題として還元されず、それらはすべて外在的にしかみえてこないからである。異質なら異質、異族なら異族でよいわけだが、そういう異質や異族だからでもなく、異質の歴史や文化を生きているからでもない」(川満「沖縄―〈非国民〉の思想」『映画批評』)

✦「情念」から「理念」へ

このように「異質性」の概念を一層深めようとする川満が重視するのは、日本と沖縄の単なる文化的な違いに基づく異質感覚ではなく、人々の「情念」の領域である。彼の思想的方法の中心には、沖縄人にふりかかってきた差別や暴力の歴史から、反国家的要素を内包する沖縄人の「情念」を抽出し、「理念的共同体」へ解放するという問題意識が見受けられる。こうした関心を論理的に押し広げていくために、自らに課す思想的課題について、次のように述べている。

「沖縄人にとって『歴史』とは苦悩の同義語にほかならない。それをふりかえるものは自らの胸深く短剣を突き刺し、いい知れぬ情念の渦中に引き込まれる。……そして徹底的な被害者としての認識パターンを抜きがたく身につけてしまう……沖縄で『歴史』をふりかえるものの目は、近世五百年の貧困と屈辱が放つ毒気によって暗く沈み、そしてこの栄光に見捨てられた島々の忍従の位相へ重なっていく自己の絶望を避けがたい先験性として受容する。しかし、このような島々の絶望的な『歴史』の位相においても、なお生き抜く方向へ額をあげなければならないとすれば、情念の衝動性を鎮めて『歴史』に対する醒めた視点を獲得し、被支配の底辺から世界への告発を露頭させ、それによって理念的共同体創造への転進をはかっていかねばならない。沖縄近代史を色濃く隈取っているところの〝亡国民〟の情念や思想は、国家悪の中でいよいよ閉塞していく人間の真性を、どこに向けて解き放つべきかをアンチテーゼのかたちでわれわれに語りかけてくる豊かな土壌としてあり、近代主義に基づく社会思想のどんずまりを打開していく道を示唆している」（川満「沖縄祖国復帰の意味」）

川満がこう言うとき、「日本国家」とは別の「理念的共同体」へ「沖縄人」を解放させていくことに思想的関心が寄せられていることが理解できる。この論理展開において設定された「沖縄人」とは、「日本国家」のアンチテーゼとしての位置を占める「亡国民」であり、その「豊かな土壌」を発掘することで、「社会思想のどんずまりを打開」していくことを可能にする存在なのである。沖縄は「亡国民」であるからこそ、国家を拒絶できる豊かな素養を有しているという発想である。このような思想的可能性を含んだ「沖縄人」を構想する川満にとって「祖国復帰」とは、かなり悲観的なものとして位置付けられている。

「民衆闘争が体制的に収束された結果として、日本の国家支配に沖縄の襟首をつかまえられた現在、すでにその体制的収束とは無縁のところへ退行して、沈黙に閉ざされている怨恨と憤怒《ふんぬ》に満ちた不可視の領域へ、わたしたちの孤独な復帰をそれぞれに果たしていくほかない。それ以外にわたしたちは『復帰』の意味は考えられない」（前掲書）

このように、川満が思想の拠点に設定した、沖縄の人々の「情念」の領域が再び沈黙に閉ざされていく契機として「復帰」が考えられているのである。川満にとって「復帰」とは、この「情念」の領域が「日本の国家支配」により「不可視の領域」へと退行し、重要な思想的拠点が対象化できなくなる極めて憂うべきことなのだ。

ところで、川満が人々の「情念」の領域を重視するのに対し、岡本は「国家」を問題化するとき、「近代の理念」を巡る虚偽性と実体性を重要な論点にしている。岡本は「『近代の理念』を幻想的に想定し、国家意志をその中心にみることができずに、無媒介に、理念に近づくこころみをくりかえしてきたのが『沖縄』の近代であり、そういう意識がわたしだけでなく、『沖縄』の人たちの多くに見られるのだから、そういう意識のありかたは、それとして対象化され、みきわめられなければならない」(岡本「水平軸の発想」)と主張する。

この問題を開示していくために、岡本は「自分たちは日本国民であるのか、あるいは日本国民とは何であるか」という問いを設定し、沖縄戦の歴史的経験を「国家権力」を見極めるための重要な思想的契機として位置付けている。

彼は、以下のように、沖縄戦を契機に芽生えた「沖縄人」意識を、「日本国民」を相対化し得る意識として注目している。

「沖縄の人間としての自己否定と、日本国民であることを強制され、みずからも日本国民として同質化を希求して努力したあげく、戦争の惨禍にみまわれ国家を奪われたという状況は、すくなくとも、そこに国家というものと自己との間にある種の隔絶を意識せざるをえないという状況をつくりだすにちがいない。あるいは、疑いをえない前提としての日本国民であるという意識は持ちえないことになり、そこでも、何よりも沖縄の人間であることの方がむしろ強く意識されたといえる」(前掲書)

✦擬制としての「近代」

「日本国民」に対する異質感から生じる「沖縄人」意識を重視する岡本が、「祖国復帰」概念を問題にするとき見抜こうとするのは、ナショナリズムが近代化を同質化と等置してしまう強制の仕組みであった。岡本にとって、この論理が批判されねばならない根拠とは、近代化が正当化されるのは、個が人間としての生活を営める条件を獲得できるところにあるのに対し、同質化が強要されるような「近代」とは「擬制」でしかないことにあるという。従って、「祖国復帰」運動が、沖縄人の異質性を消去しようとする盲目的な「本土化」へ向かう運動として理解できるのならば、そうしたナショナリズムに対する批判的思想を運動側が主張せねばならないと考えている。

「『近代化』コースが国家意志によって規定された擬制でしかないという視点を欠落したり、『本土』との同質化こそ近代化にほかならないという幻想を持ったところに、たとえば、沖縄において、沖縄の後進性からの脱却を押し進めようとした人たちの、その主観的な善意にもかかわらず、結果として権力との癒着に陥ってしまった理由もあった。……『近代』の擬制を『近代』そのものと幻想し、『本土』を同質均等のものとして一般化して沖縄に対置する発想……そういう意識のありかたや発想のパターンこそ、問題とされなければならないだろう。そして、擬制としての『近代』を拒絶し、他方の異質性をそのまま生かすことに、沖縄の可能性のひとつの方向を見いだせるということを考える」（前掲書）

要するに、岡本は沖縄人が沖縄人として生きてゆけない条件であるような「復帰」は拒否するべきであり、国家意志に左右されない自立性を、擬制でない「近代の理念」に求めている。

✦さまよへる民

岡本と同様、仲宗根も、沖縄人が「異質性」をマイナス価値として否定され（自らも否定し）た歴史こそが、最たる問題であるという認識に立っている。しかし、彼が岡本と異なるのは、「沖縄の中に、沖縄の地理的、歴史的特殊性から来る変容という以上の『日本的なるもの』に包摂しえない諸特徴の存在を否定することが出来ない」(仲宗根「制度的実体論としての復帰論議を」)とし、この「異質性」を拠点に、戦略的には分離・独立を志向すべきと考えている点である。

「コミューンとしての沖縄と沖縄人が、自己の力を信じ、みずからの土地と人間を組織してみずからの新しき社会創出を志向し、分離と自立への道をラディカルに模索する悠久の歴史的行為を自律的に選び取らず、常に、自己の運命を外部の力(中国→日本→アメリカ→日本)にゆだね、それに求心的に自己寄託するという、沖縄の歴史的病理の投げかける不変の問題性は、広く深く、多様な形で探らなければならない」(仲宗根「理念なき闘い—復帰運動の生理と民衆の死」)

こうした展望に立つ仲宗根が「祖国復帰」を問い直すとき、「復帰運動とは、結局のところ、島の祭りであった」と言い切る。この「復帰」認識から位置付けられる「沖縄人」とは、「さまよへる民」であり、もはや「死んだ」も同然という絶望感の表現とともに用いられるものであった。

「『さまよへる琉球人』だった私たちは、『日米共同声明』によって、その身の上から括弧が取り除かれることもなく、依然として『沖縄』のまま生きることになった。いや、正確には、死んだまま生かされたというか、あるいは生きたまま死んだというべきであろう。『復帰』によっては、『沖縄人』は結局、『さまよへる民』たることを止揚できなかった」(仲宗根「沖縄の遺書—復帰運動の終焉」)

以上の文から、「沖縄人」が、近代史における歴史的過ちを再び歩みつつあるという認識に立っていることが分かる。仲宗根は「祖国復帰」を拒否し、「沖縄人」の異質性を可能性へと転化し、思想的に「さまよへる民」を止揚することにより、「沖縄人」が日本国家から分離・独立していく方途を展望しようとしているのである。

反復帰論の諸論考を通観する限り、「日本国家」を相対化・廃絶する思想的拠点として「日本国民」とは異質の要素（「亡国民」の経験も含む）を有する「沖縄人」の土着性が注目され、さらに、「祖国復帰」は、そうした可能性の発展を閉ざすものとして拒否することでは共通している。「沖縄人」に課された思想的課題として構想されているのは、「国家」を廃絶した、川満が言うような「理念的共同体」であり、「平和」や「平等」が真の意味で実現化された「絶対的な類的社会」なのである。

この社会に到達するための重要な存在として、異質性に目覚めた自立的な「沖縄人」が設定されているのである。

③「自立」への提起

✦「反やまと」意識

反復帰論が国家を否定していくときの重要な思想的拠点は、「日本国民」とは異質な存在として把握された「沖縄人」であった。この「沖縄人」は、文化論的あるいは民族論的に定義される「沖縄人」ではなく、「国家権力」に対抗する「民衆」の意識に内在するものと考えられている。しかもその存在を規定する根拠は、歴史的に培われた「反やまと」意識であった。

反復帰論者が、この「沖縄人」を浮かび上がらせる方法は、日本人への対抗的認識を作り上げていくことと、「抵抗の歴史」を遡行することを結び付け、歴史意識を明確化することで、「やまと志向」を徹底的に拒否する思考法である。

このような論理構成から構想された「沖縄の自立」とは、沖縄の独自性を培ってきた土着性や被差別経験、そして「怨恨」や「憤怒」といった情念などを歴史から発掘し、日本国家の変革主体として「沖縄人」を立ち上げることだと集約できる。

例えば新川は、「国家権力とその走狗《そうく》たちによる、政治的、経済的な圧倒的な専横と蹂躙《じゅうりん》による沖縄に対する新しい形での徹底的な収奪と抑圧は、沖縄（人）を再び破滅的な被抑圧者として苦渋と悲惨の底に突き落とし、呻吟《しんぎん》させることだろう」と述べ、さらに、「しかしその時こそ沖縄（人）が、こんどこそ『国家』に対する執拗な加害者としてみずからを転化させ得る時でもある」と結論付けている。

新川が「民衆の内発的な共同性の思想を俎上《そじょう》にあげ、その負性をいかに正の方向に転化せしめてゆくかが、すべての運動論・組織論の基点にすえられてなければならない」（新川『反国家の兇区』現代評論社）と述べていることから、彼は「沖縄の自立」を、「負性」から「正」に民衆の思想を反転させることの延長に捉えている。

✦「アジア共同体」とは

この論理構成については、川満も同様の立場にある。川満は「安保条約の廃棄と日本の軍事力の完全解消、産業および経済の軍事的構造化を逆転すること、死亡者台帳の中から沖縄百万の人間が蘇生するためには、いまのところその方向しか道は求められない」（川満「わが沖縄・遺恨二十四年―死亡台帳からの異議申し立て」）と述べ、「日本の東南アジアに対する国家的な投資や、民間資本の進出過程と比較しながら、日本の沖縄への対応の仕方が、いかにそれらの東南アジア諸国にのびる新植民地主義と同じであるかについて注意を喚起し、沖縄と日本の関係について、いつでもつきまとうセンチメンタリズムを排除するためにも『沖縄は東南アジアである』という視点を持つ必要がある」(川満「沖縄祖国復帰の意味」)としている。

ここから読み取れる川満の構想とは、「日本」との関係における反転的プロセスの拠点を「アジア」に求めた「沖縄の自立」である。だが川満の言う「アジア」は単に地理的範囲を指しているのではない。それは極めて「普遍的類」を志向した理念的共同体であり、この空間に実体を与えるものとして地理的名称の「アジア」を付与している。

川満は、この「アジア」について「〝個即類〟としての人間本質の実体化をめざしたものが、天皇制を成立させた民衆の基層にあったことを否定しえない。その全体への自己同一化を、自らの経済や解放の方法として実体化しようとしているのが、わたしのイメージを形成する『アジア』である」(川満「民衆論―アジア的共同体志向の模索」)と規定している。川満の議論で重要なポイントは、アジア的空間を媒介に日本の体制へ反撃する「沖縄」の存在である。

この「沖縄」は、脱国家・反国家的にイメージされた存在、しかも「類的普遍性」へと媒介する可能性を秘めた存在として設定されている。川満は、「沖縄」を従来の日本に対する従属的地位から引き剥がすことを目指し、次のように再定義している。

「天皇制成立の過程に内包された民衆の自発的エネルギーの基盤たる全体化の思考を理念的社会創造の視点から掘り出し、それに方向性を与えうる方法を見いだしたとき、はじめて真の天皇制批判に達することが出来るはずだし、わたしたちがあえて沖縄の異質性をさぐり、あるいは『アジア』のイメージを媒介にして、日本の体制思想に反撃しようとするのも、自己の労働を疎外しない社会的諸関係の総体としての人間本質を求めて、類的普遍性をひらいていくためのプロセスでしかない」（前掲書）

この指摘で重要なのは、「日本の体制思想」に反撃しうる普遍性への志向を秘めた可能性として、「沖縄の異質性」という土着性が考えられている点であり、反国家・脱国家のイメージが、沖縄の特性そのものの内に見いだされるとする志向性である。

✦〝普遍〟の希求

このように、「沖縄の自立」を、土着的な異質性の可能性に求めていく論理は、岡本にもみられる。彼は、近代の理念に照らして、沖縄が「独自性の価値」を主張するのは正当だと考え、沖縄の人々が反国家あるいは脱国家を志向することは「自然な心の動きである」としている。

「沖縄に生きているぼくたちが、その『個』としての特殊を超えて、『種』あるいは『類』としての『普遍』を希求すること、個としての特質を捨てることによって『類』としての〝普遍的存在〟である自己を確認しようとすることも、自然な心の働きであるということになるだろう」（岡本「返還協定の方向を批判する」）

さらに「沖縄返還に際して、ことさらに『日本国民』となることに意味を見出すことで『種』としての〝普遍性〟を獲得することができるかのような論議に、ある種の〝うさんくさい〟気配を感じたり、〝いかがわしい〟臭いをかぎつけたりするのは、個としての特殊の位相において生活するしかない生活の論理においてではないか、という気がしきりにする」（前掲書）と述べて、復帰運動には「類的種」に映っている「日本国民」になることへの反発を表明している。この岡本の「沖縄」認識において対置されたのは、「日本国民」という「種」である。「生活の論理」の中で「うさんくさい」「いかがわしい」と感じる個が「日本国民」という種を自己否定によって引き剥がす（相対化する）論理において「絶対的類」を弁証法的に希求している。

岡本は「沖縄の自立」を、「普遍性」を希求するプロセスにおいて、「近代の理念（例えば自由や平等）」に内実を与えること、すなわち、沖縄で生きる個が、生活の論理から自覚される「沖縄人」を独自の価値として主張し得ると考えている。

✦沖縄は文化的に優位

一方、仲宗根の場合は、既に述べたように、沖縄の分離・独立を最終的な目標として「沖縄の自立」を考えている。しかもその可能性は、他の反復帰論者と同じように、沖縄の有する「独自的な地方性と土着性と民衆性」に求めている。

「沖縄自体が大和日本に対して歴史的に固有する文化的な優位性を、政治の場に転位させ沖縄の独自的な地方性と土着性と民衆性をねり固めた新たなる非大和日本的な運動と思想を創造するという姿勢ではなかった。それは、総体としての『大和日本＝本土あこがれ論』にからめられた国家幻想にほかならなかった。沖縄差別等に対する沖縄の民衆の屈折した怨念や怨嗟《えんさ》にかかえこんだまま、『祖国』復帰運動が、『異民族支配からの脱却』という安易な民族意識に呪縛され、『祖国』の悲惨な現実＝構造を明視できなかった以上、『国家』の幻想性に対峙しうる原理的拠点を獲得することも、不可能なことであった」(仲宗根「沖縄戦後政治の構図」)

このように、仲宗根は「『国家』の幻想性に対峙しうる原理的拠点」を、沖縄が持つ「大和日本」に対する「文化的な優位性」に見いだそうとしている。その可能性を生かし得なかった日本復帰運動を手厳しく批判し、土着的文化を武器にして、国家体制との闘いへと向かう必要性を主張している。

「私たちが有する政治的被虐性と歴史的な優位性を、根源的に反省し精算し尽くさぬうちに、沖縄は再び処分された。沖縄とその文化の歴史的優位性を、支配の論理のヒダに食い入って、新鮮なたたかいの方法に転化させ、展開しなければならない」(前掲書)

仲宗根が構想する「沖縄」は、「日本」との関係において優劣関係を反転させ得るものとして把握されている。

以上の反復帰論における「沖縄の自立」への展望をまとめると、「国家廃絶」もしくは「日本国家の変革」あるいは「分離・独立」を想定した普遍性原理のラジカルな追求である。その可能性は、「祖国復帰」という発想が支配的である限り、閉ざされているという見方はあるものの、沖縄が有する「土着性」の中に反国家・脱国家の潜在性を見いだしている点は、ほぼ一致している。

この自立志向には、土着性の再構成を試みるインターナショナリズムといえる論理も含まれている。この論理は、復帰論と同様、逆説的である。つまり、沖縄の持つ土着性をインターナショナルなものとして再定義しているのである。

4、復帰論と反復帰論の共通点

✦沖縄戦における沖縄人の死

1970年前後に活発化した復帰論と反復帰論は、両論とも従来の日本復帰運動を総括し、「祖国復帰」概念を根本的に問い直す知的営みであった。これまでの分析により明らかになったのは、両論の論理構造における一定の共通性である。その共通性とは、論理展開において「市民性」原理を問い返すことにより、「祖国復帰」概念の検討から「沖縄の自立」という論点へと移行する思考が含まれている点である。

ここでの分析課題の一つは、各論者の「沖縄へのこだわり」の所在を突き止め、その自覚化プロセスにおいて、いかなる説明言語が与えられ、さらに、当時の政治的状況＝文脈において「日本人」と「沖縄人」の関係を、どのように分節化したかを明らかにすることであった。

この分析により明らかになったのは、復帰論も反復帰論も、各論者が「日本（人）」に対する同一性の問題を対象化していく思考過程は、自己内部のアンビバレンスを意識化するプロセスでもあったということである。

沖縄における否定的現状を「日本（人）」との関係において把握しようとするとき、「日本人」／「沖縄人」という対―形象化された共同体表象が、一対の説明言語として用いられている。「現在」の否定性を意識化し歴史認識に高めていく自覚過程で、身体性に潜む「違和感」が、共同体表象を用いて説明されている。いわば文化的種差の認識へと飛躍していくありようが読み取れたのである。「日本人」にはなりきれない、対抗的存在としての「沖縄人」が、自覚の名称に用いられている。

また「祖国復帰」概念をどのように定義したのかという問題を巡って確認できた論理構成は、復帰論も反復帰論も、「日本人」による「沖縄人」への「差別と抑圧の歴史」を浮き彫りにすることにより、現在の否定性を、過去の歴史におけるアナロジー（類推）との関連で理解しようとする歴史認識のパターンであった。「差別と抑圧の歴史」への言及が、共同体表象の関係性に鋭く政治性を与えることは、I章で述べた。

「日本人」と「沖縄人」の社会編成に根拠を与える「共同体の歴史」という空間的共時性が、「復帰要求の挫折」という否定的現在の説明言語として対―形象化されただけでなく、双方の社会関係における抗争が、長期的な歴史的スパンの観点から、差別する側とされる側に分節化され、異なる歴史空間を生きる運命共同体として表象されたのである。

このように、二つの共同体を作制する言説の論理を強烈に作動させた政治的言説の集約点は、復帰論も反復帰論も、「沖縄戦における沖縄人の死」という「共同体の記憶」だったのである。「米軍基地の撤去」を中心とする「復帰要求」が、返還協定において否認されたことにより、沖縄戦における「共同体の死」が「死へと向かう共同体」の現在として再定義されている。

こうした被差別的歴史への反省により新たに定義された「沖縄人」とは、「日本人」から受ける差別を、もはやこれからは拒絶していく決意を意識した自立的な「沖縄人」であった。返還協定の内容が日本政府からの「裏切り」であったという認識の下で、再分節化された「沖縄人」という主体は、「日本人」から新たに「自立」していく志向を内包した主体として提示されたのである。

✦再定義された「沖縄人」

これらの知見の内容について、各論者の言説を整理しつつ、やや詳しくみてみよう。

「祖国復帰」を「平和憲法への復帰」と定義した大田昌秀は、自らの「沖縄へのこだわり」を沖縄戦の体験に求め、この体験における決意を「平和への希求」に託している。この「希求」を「沖縄のこころ」と規定することにより、これを理解できない「本土日本人」は「醜い日本人」であると断じる。すなわち、近代以来の「日本人」と「沖縄人」の差別／被差別という歴史的関係性を具体的事例に基づき明示することで、この関係を打開しようとする、「平和」と「平等」を希求する「沖縄人」と、それを理解しない「醜い日本人」へと、両者の関係を再分節化したのである。

また、大城立裕は沖縄の人々の「やまとんちゅ（日本人）」に対する「怨み」や「異和感」を、歴史文化的に培われた「同質性」と「異質性」の併存という文脈から自己分析し、「祖国復帰」が有するポジティブな側面を「人権の保障」と「文化創造力の回復」という二つの領域から議論することにより、「沖縄人」の「精神的自立」に未来への展望を託している。

一方、反復帰論の各論者は、「やまとんちゅ」によって差別・抑圧された歴史を重点的に掘り起こすことを主眼に置く。この歴史において醸成された、沖縄民衆の「やまとんちゅ」に対する「差意識」に注目する。日本復帰運動が掲げてきた「祖国復帰」とは、こうした「差意識」が黙殺され、同質的なナショナリズムへと沖縄が回収されていくことを意味しており、従って日本復帰運動は戦前にみられた「やまと志向」と変わるものではないという認識では通底している。「復帰」は、「平和」や「平等」の理念が実現化されていくプロセスというよりも、「国家否定」の可能性として発見されるべき「沖縄の異質性」を自ら解消してしまう出来事として位置付けられているのである。

なされるべきことは、日本国家からの収奪を受けてきた沖縄の歴史の中に、「国家」を相対化し廃絶へと向かわせる土着文化的潜在性を発掘し、さらに、これを思想的拠点とすることにより、「理念的共同体」あるいは「アジア共同体」へ向けて止揚を試みることであり、「日本国家」を安易に是認すべきではないとする。

ここにおいて「沖縄人」は、「日本」という国民国家総体への抵抗者としてだけではなく、「無国家社会」というユートピア的共生社会を実現化させる「非国民」として再定義することで、より普遍性の高い理念へと向かわせる「未来への価値」に、再分節化されている。

✦「市民主体」の生成

こうした文脈において、復帰論・反復帰論が志向した「自立」の意味について、新たに立ち上げられた「沖縄人」という主体の論理構成を中心に考察しておこう。

復帰論者と反復帰論者が「祖国復帰」概念をどう定義するかを巡り、「国民」との関わりから理解された「日本人」と「沖縄人」の分析において明示したように、「沖縄人」という表象が形象化されるとき、引照されるのは、「自由」「平等」「ヒューマニズム」「共生」「平和」などの市民性を象徴する理念である。「自立」という論点が浮上する論理には、これらの市民性原理を強烈に志向するラジカルな問い掛けが存在した。以下では、復帰論・反復帰論において提起された「沖縄人」と「自立」という二つのカテゴリー間における論理的関係性を、フランスの思想家・バリバールの「市民主体」概念を手掛かりに検討する。

バリバールは、「絶対的類」としての象徴的民主主義を実現化しようとする実践系が、「形式的演繹／『本性』的特徴（民族性、性、身体性など）」あるいは「普遍的主権／根源的有限性」というアンビバレンス（二律背反性）を複合させながら歴史的影響力を行使する過程に「市民主体の生成」を見いだそうとした。こうして生成した「市民主体」には、その発展可能性という意味において、国家的境界を越えて形成される論理的契機も含まれる。

「われわれは、権利宣言やすべての言説のなかに、またその効果を反復するすべての実践のなかに、市民の登場を読みとると同時に、主体—生成の兆しを読みとる必要がある。……市民の諸権利という観念は、それが発生した瞬間に、もはや臣下でないがまだ基体（性質・状態・変化の基礎＝引用者）ではないような歴史的形態を作り出すのである。しかしこの観念は、定式化され実践に移される際に、すぐさま自分自身が作り出したものの範囲を超える。……この観念の発展は、対立によってのみ可能であり、われわれはその対立に賭けられているものをスケッチすることができる」（バリバール「市民主体」『批評空間』Ⅱ—6）

◆限りない矛盾

バリバールは、「市民」の目に「不確定性」と映ったものは「ある可能性」を導くという。その可能性とは、市民の努力で得た成果が疑問に付される可能性であり、平等など市民権のための闘いによって不平等状態が破壊される可能性でもある。しかしこの可能性は確実な見込みではなく、宿命でもないとする。

「この可能性の具体化と明示は、一つの発話と状況との出会いに、あるいは概念から見て偶然的な動きとの出会いに、完全に依存するからである。市民の主体―生成が弁証法の形をとるのは、弁証法という形で、まさに市民の制度上の諸規定を『基礎づける』必要性が明確になるからであり、同時にそれに対する反論を無視することの不可能性、つまりそうした規定が巻き込まれる、限りない矛盾が明確になるからである」（前掲書）

これらの指摘から、戦後沖縄史の文脈において復帰論・反復帰論が登場した意義が理解できる。日本という国民国家や憲法の正当性が問われたのは、「復帰要求」と返還協定の矛盾が明確化した1969年11月21日の佐藤・ニクソン会談の、その瞬間だった。返還協定により要求が切り詰められた状態＝矛盾は、「市民主体」としての「沖縄人」からは「不確定性」と映ったのだ。その瞬間は、沖縄の今日まで続く「限りない矛盾」の始まりでもあった。

「市民主体の生成」は、個／種／類の関係項が弁証法的に展開される主体形成のプロセスにおいて、アンビバレンスを含みながらも、自由や平等など普遍的価値を追求する主体を表す概念である。また、国家を超えることが正当化された主体の出現も視野に入れている。

✦土着へ向かうインターナショナリズム

この視座から、「沖縄人」を巡り、その主体形成において浮かび上がる二つの特徴が理解できる。

第一に、「沖縄人」という主体は被差別的存在として定義された一方、形式性と象徴性の高い想像性の次元に設定された主体に再分節化された。すなわち、復帰論における自立への提起（主体化の志向性）の分析により明示した、過去の戦争責任を問いただし、「基地撤去要求」の根拠を平和理念に求める思考プロセスにおいて登場した「沖縄人」。また、平和、平等、共生などの理念を、もはや国家という回路に求めず、「個即類」という概念によって「理念的共同体」を志向した反復帰論（特に川満、岡本）における「沖縄人」。これらの「沖縄人」は両方とも、市民性理念を参照することにより立ち上げられた、その担い手としての形式性と象徴性の高い主体である。

一方、この「沖縄人」は形式性や象徴性が高い「市民主体」の様相を帯びているからこそ、その主体に内実を与える論理が必要になる。説明言語に「沖縄人」という民族的名称を用いているがために、同一性を巡る根拠は、異質性、土着性、民族性、文化的属性などが要素として使われている。他にも、沖縄戦の共有体験や、「本土日本人」に対する異質性、「異和感」や「不信感」を共有していることも根拠に挙げられている。

第二に、「沖縄人」という市民理念の担い手としての主体が、「自立」という論点から再定義されるとき、「国家」あるいは「国民」を揺るがしたり飛び越えたりする存在として位置付けられている。

例えば、反復帰論者は、「沖縄人」を「異族」と定義し、日本のナショナリズムに回収されない歴史的特異性を有する存在とみなした。

また、復帰論者の大城立裕は、「沖縄人」を日本文化に包摂されない海洋民族として再定義し、文化的自立による「自信と誇り」の回復が「精神的自立」のために必要であるとした。このような復帰論・反復帰論にみられる「自立」志向を、一言でいえば「土着へ向かうインターナショナリズム」と特徴付けることができよう。

従来の「沖縄人」が志向してこなかった「共同体の記憶」を、「自立」という観点から既存の「国家」に収斂しない次元に設定し、それを民族共同体として表象することで、「永遠の共同体」が共有しうる未来が演出されている。

✦逆説をはらんだ主体の形成

さて、「沖縄人」の主体形成において、さらに重要なポイントは、上記二つの主体構成の理解を巡って、第一で述べた主体が第二で述べた主体へと、実体が与えられていく論理展開である。そこに見いだされるのは、第一の主体の理解を巡って指摘したアンビバレンスを含む主体、その形成過程におけるパラドックス（逆説）である。すなわち、「市民主体」として立ち上げられた形式性／象徴性の高い主体が、現在から過去を構成するという視点から伝統的な価値として再定義されるとき、国家に収斂しない可能性を秘めた主体が生成されている。

大田昌秀が言う沖縄民衆の「平和への希求」は、世界へ向けて発信している一方で、その象徴性は、沖縄のことわざに裏付けられた「土着精神」という文化的属性に由来するものとして再定義された。大城は「ヒューマニズム」を基底に据えた、日本文化のみならずアジア文化など他文化に貢献し得る寛容な「海洋民族」として「沖縄人」を再定義した。

反復帰論に至っては、「沖縄人」は「日本国家」の境界に包摂されない存在として考えられている。つまり、沖縄の否定的現実に向き合い、市民的理念を思考すればするほど、超国家的な象徴性／形式性の高い市民主体を生成する一方、その主体に沖縄の土着性や異質性などを付与し、伝統的価値として再定義する論理展開が存在するのである。

「沖縄人」が自由や平等、自己決定権を求める市民主体としての形式性・象徴性を高めたからこそ、現在の視点から過去を再評価して持ち出された「歴史」や「伝統」が必要になったのだ。この「沖縄人」の主体構成の論理は「沖縄人」の変容を促す。差別を受忍する「沖縄人」ではなく、再発見された「歴史」や「伝統」によって、否定的な現状を打開するため「自立」を志向するのにふさわしい「沖縄人」が、「海洋民族」など国家を超える普遍性を有した存在として再定義されたのだ。

✦生き続ける主体とは

バリバールは、この主体が、自己の中に、こうした「パラドックスに満ちた統一」を含んでいると理解するなら、「国家装置の観点からと同時に永続革命の観点からも考察する必要がある」と主張する。考察の対象は、その主体構成によって結び付けられる、象徴性／形式性と実践の歴史的複合の姿だ。沖縄に当てはめれば、復帰論・反復帰論が立ち上げた「市民主体」がその後の実践領域において、どう生かされたかだ。それを明らかにするのが次の課題である。

沖縄の「日本復帰」実現後、すなわち、「祖国復帰要求」が「領土返還」に切り詰められた後に、市民性に根差した「要求」はどのような軌跡をたどったのか、である。「日本復帰運動は敗北した」という認識の下で、「沖縄の自立」が徹底的に検討されていく、その論議の場において、「沖縄人」は国境を越える存在として再び姿を現すのである。

ここにおいて重要なのは、市民性原理を目指す、この「沖縄人」がもはやユートピアあるいは「想像の共同体」としてのみ存在するのではなく、実践領域で実体的な影響力を持つ主体として機能しているという、まさにその点なのである。

Ⅳ　その後の「沖縄人」

1、「復帰」から「自立」へ

✦復帰の意味の問い掛け

1972年5月15日、沖縄の施政権は日本に返還された。この日に実現した「日本復帰」は、復帰運動にとって、「基地撤去の要求」が拒否されたことにより、「祖国復帰」要求が切り詰められた形で実現したことを意味した。と同時に、この日は、「復帰」が沖縄にとって何を意味し、何を意味していくのかという問い掛けが繰り返される歴史の始まりでもあった。

復帰論で主張された「平和憲法への復帰」、反復帰論における「復帰と国家の拒絶」、これらの議論は「沖縄の主体性とは何か」という根本的課題を残したまま、新たな展開へ移行していったのである。「沖縄の自立」が論じられるとき、その意味は論者によって異なり、議論の内容も多様である。だが、復帰論・反復帰論、それぞれの内容と一定の連続性を保ちつつ、「自立」が論じられている面もある。これを踏まえ、復帰論・反復帰論から分岐していく自立論議の展開を概観しながら、「日本国家」との関連で、どのように「自立」概念が提起されたかを追う。

「自立」概念が定義される際、その文脈において「日本人」と「沖縄人」の関係性がどのように構成されているかにも注目したい。その考察を通して「自立」という視点から遂行された「新たな沖縄県づくり」という実践領域において、「沖縄人」カテゴリーがどのように機能しているのか、その一端を明らかにしたい。

✦復帰10年目の「自立」論議

沖縄の「復帰」が再び根本的に問い直され、「自立」が顕著に展望されたのは、復帰10年目の節目であった。

その際に出された沖縄労働経済研究所の報告書は、1980年頃から活発に展開されていく「沖縄・自立」論議の前提となるような沖縄の状況認識を示している。報告書は、広大な米軍基地の存在が、沖縄の振興開発にとって大きな阻害要因になっていることを、さまざまな角度から説明した後、「復帰後の状況が〝平和で明るい豊かな沖縄〟とはほど遠く、政府施策が基地確保や石油備蓄基地（ＣＴＳ）などを優先し、開発や福祉を補完的なものとして考えているのではないかと疑問を抱かざるをえない」と強調する。

その上で、これからの振興開発の課題として、大城立裕や新川明の言葉を引用しながら、何よりもまず県民福祉を最優先に考える基本原則、すなわち「沖縄の心」を据えるべきだとする。つまりそれは、①地方自治権の確立、②反戦平和を貫く、③基本的人権の確立、④県民本位の経済開発——の四つだという。

こうした認識を前提に、「復帰」や「自立」を問う試みが活発に行われた。この時期、「自立」というキーワードの下にくることのできる議論は、反ＣＴＳを闘う人々（安里清信、平良良昭）の独立論、シマおこし運動家（石垣金星ら）の独立論、復帰論の総括としての自立論（自治労沖縄県本の「特別県」構想）、反復帰論の発展としての独立・コミューン論（「琉球共和国」および「琉球社会」憲法草案）、本土沖縄出身者の「ヤマト世《ユー》からウチナー世へ」運動など、続々と登場している。

中でも、1982年5月に開かれた「復帰10年―沖縄自立の構想を探る講演会、シンポジウム」では、日本復帰運動と復帰論の総括や、「沖縄自立」を目指した構想や行動を巡って活発に議論された。ここでは大きく分けると三つの立場があった。

一つ目は、在米経済学者・平恒次らによる「琉球共和国論」という政治的独立論。二つ目は、経済自立と特別県政を掲げる「自治論的自立論」。三つ目は、最終的に独立、あるいは社会主義的な国家廃絶を目指す「琉球共和社会（国）論」である。それぞれの論をみる限り、後者の二つは明らかに、それぞれ、復帰論と反復帰論の系譜に位置付けることができる。

「特別県政」論は、復帰運動の中心的組織だった自治労が提案した。社会主義的な社会を構想する「琉球共和社会（国）論」は、反復帰論者の新川明、川満信一、仲宗根勇といった、反復帰を唱えた知識人が名を連ねた。平の「琉球共和国論」は、復帰直前から反復帰論と共鳴し独立論を唱えていたことや、その内容をみる限り、反復帰論の系譜に位置付けられる。

これらの異なる立場の「自立」論には、沖縄と日本の関係、あるいは国際社会との関連で、一定の共通認識が形成されていた。端的に言えば、「沖縄はなぜ日本でなければならないのか」という問いと同時になされる、沖縄は日本の「国内植民地」という位置付けである。沖縄を「島嶼《とうしょ》民族＝マイノリティー」として捉えることも共通していた。

ここでは、シンポジウムで中心に据えられた沖縄特別県政論と琉球共和社会(国)論を取り上げる。

■沖縄特別県政論

特別自治権論は、特に1972年の復帰当時、「復帰運動の敗北」という認識が高まる中で、既に提起されていた。経済学者・久場政彦の「沖縄特別自治地域」構想、政治学者・比嘉幹郎の「沖縄自治州」構想などがその典型であった。

比嘉は「沖縄の施政権は本土政府にではなく沖縄住民の政府に返還されるべきで……、琉球政府は、その行政機関、機能、権限を本土政府へ移すことによって縮小するのではなく、逆にそれらを最大限に強化拡大する努力をしなければならない」という認識から「たんなる本土類似県の政治・行政を模倣するのではなく、沖縄独自の特別自治体」として「軍事・外交などに関連する特定の機能以外のすべてを保持する……軍事・外交の分野においても……沖縄住民の意思が十分に反映される」沖縄州を提起した。

中央政府の指揮・監督を受けない主席を頂点とする政府、独自立法権を有する強力な議会などのイメージも提唱した。

ただ、復帰運動の総括を試みつつ、政治・経済・文化などの総合的視点を取り入れて議論された特別自治論は乏しかった。そんな状況を踏まえ、沖縄の特別自治を主張したのが自治労の沖縄特別県構想だった。それは、思想的には復帰論の延長、つまり「未完の復帰」論を展開し、「真の復帰」を目指すものである。その構想には三つのポイントが指摘できる。

一つは、「復帰」理念に対する強烈なこだわりである。「沖縄のこころ」、すなわち「反戦平和」「自治の確立」「人権保障」が今もなお達成されていないという認識が基調にある。沖縄を日本における「国内植民地」あるいは「軍事植民地」と位置付け、「復帰」を第三の「琉球処分」とみなす歴史認識である。沖縄の現状を、本土からの差別の歴史の中に置き、「復帰」理念の連続性から「自立」を主張する。「国家的支配」からの、より自由度の高い解放を歴史的展望として目指している。

二つ目は、「軍事植民地」という言葉に象徴されるように、基地機能を優先した政治・経済構造が、沖縄の自立的発展を妨げているという考えに基づいている点だ。

三つ目は、平和（軍事基地撤去）と繁栄（経済的自立）の構想を二本柱に据えていることだ。


こうした構想に登場する「沖縄人」という主体は、「日本国民」に対し、沖縄の現状への責任を問いただし、経済的保障を勝ち取り、沖縄の政治・経済的自立を実現していこうとするものである。すなわち、「沖縄人」の誇りを大事にしながら、国家の枠内で自治権を拡大していき、経済的自立、精神的自立を成し遂げていくことを目標にしている。自治労を代表する仲吉良新は、シンポジウムの議論でこう述べている。

「かつて琉球王国でありまして、天皇がいたわけでもないし、初めから幕府の支配下にあったわけでもありません。そういう意味では、われわれの心の中にも、われわれの先輩たちの心の中にも、沖縄人（ウチナーンチュ）という誇りがあります。……完全に独立をするとは言ってはいませんけれども、とにかく現在の日本国憲法の範疇で本当に沖縄が自立していく（経済的にも自立をしていく、精神的にも自立をしていく）ために、沖縄人の頭で考えてみて、大変苦しいことかもしれませんが、こちらの方から先にやる、といったことです」（仲吉良新「自治労『特別県制』案の背景と構想、新崎盛暉他編『沖縄自立への挑戦』社会思想社）

仲吉は、沖縄が地方自治を拡大していくことが、本土自治体の励みにもなると考えている。単に特殊沖縄のみならず、日本の地方自治に貢献する普遍的な価値を持つものとしたい、という発想は、復帰論の構造にみられた「沖縄の主体性の確立」＝「自治権など憲法理念の実現化」＝「本土への貢献」という認識構図を受け継いでいる。

■琉球共和社会（国）論

一方、反復帰論はいかなる展開を歩んだか。それは、いよいよ独立論という形で輪郭を明確にしていった。より具体的には、「自立」を「独立」への移行点と考え、「琉球共和社会憲法A私（試）案」や「琉球共和社会憲法B（試）案」を発表するなど、琉球共和国の構想を模索するに至った。

こうした系譜の自立論も、特別自治論と同様、「復帰」に対する強烈なこだわりが見受けられる。「共和社会憲法」本文は、「復帰」について、こう評価する。

「われわれは非武装の抵抗を続け、そして、ひとしく国民的反省に立って『戦争放棄』『非戦、非軍備』を冒頭に掲げた『日本国憲法』と、それを遵守する国民に連帯を求め、最後の期待をかけた。結果は無残な裏切りとなって返ってきた。日本国民の反省はあまりにも底浅く、淡雪となって消えた。われわれはホトホトに愛想がつきた。好戦国日本よ、好戦的日本国民と権力者どもよ、好むところの道を行くがよい。もはやわれわれは人類廃絶への無理心中の道行きをこれ以上共にはできない」(前掲書)

ここでも憲法の理念が重視されている。この思想の基底に流れているのは、憲法の理念が日本国家という回路によって内実が与えられない以上、沖縄が「国内植民地」という日本との位置関係を「自立」へと転化させるためには、もはや「日本国家」それ自体への洞察と拒否抜きでは考えられないという態度である。それは「広大な米軍基地」が示す「軍事植民地」という現状認識から発せられる思想的態度ともいえよう。

要するに、特別自治論と認識を共有する「国内植民地」あるいは「軍事植民地」としての「沖縄」という位置関係が確認される度に、「平和憲法の形骸化」の問題が一層浮き彫りになり、「日本国民」=「憲法を遵守できない日本人」=「やまとんちゅ」という構図が浮上し、「やまとんちゅ」=「日本国民」=「日本国家」の拒否が主張されている。

特別県政による自立論にしろ、琉球共和社会による自立論にしろ、沖縄の現状に直面して強く意識せざるを得ない「日本国家」という存在をいかに克服するかというラジカルな問題が設定されている。

【コラム❻】数々の密約明らかに／要求置き去り「国益」優先

日本と米国による沖縄返還交渉の過程では数々の密約が結ばれた。それらの合意内容は、基地の「自由使用」や有事の際の核持ち込みを認めたり、沖縄返還を繊維問題との取引材料にしたりするなど、日米の「国益」を優先し、沖縄の要求を置き去りにするものであった。

1972年5月15日の日米合同委員会による秘密合意文書「5・15メモ」は、返還により基地の自由使用ができなくなるとの米軍側の懸念を解消するため、個別の米軍施設・区域の使用条件などを定めている。その存在が明らかになって以降、公開を求める声が高まり、78年に政府は一部施設の概要を公開。県などが全面公開するよう求め、97年7月までに全面公開された。

69年11月の日米首脳会談では、当時の佐藤栄作首相とニクソン米大統領は二つの密約を結んだ。一つは佐藤氏が切望した「核抜き本土並み」を担保するため、有事における核兵器の再搬入を認めた密約。もう一つは海外からの廉価な繊維製品流入で米繊維業界の壊滅を恐れたニクソン大統領が、日本に包括的な輸出規制を求めた繊維密約、いわゆる「縄」と「糸」の取引だ。

核密約は、メースBなど沖縄に配備されていた核兵器を本土返還までに全て撤去する一方、「重大な緊急事態」の際には再び核を持ち込む権利を米側に認めた内容だ。沖縄返還交渉の米側担当官を務めたモートン・ハルペリン氏は密約の存在を認め、「今も有効だ」との認識を示している。

米軍用地の原状回復費400万ドルを日本側が肩代わりする密約を巡っては、当時毎日新聞記者の西山太吉氏が報道で密約を示唆。94年に米国立公文書館で密約を示す文書の公開が始まり、その後、返還交渉を担当した吉野文六元外務省アメリカ局長は2006年2月、密約の存在を認めた。

2、活発化・多様化する自立論

✦多様に展開した自立論

沖縄特別県政論と琉球共和社会（国）論などを柱に展開されたシンポジウムでは、三つの立場が存在したという。第一に、理念的なものを非常に重視し、観念的なものが推進力になると確信している「独立」論（反復帰論）の立場。第二に、自立を一方で言いながら、結局、復帰運動を本当に総括し、克服した上で自立論なりを出せるのかどうか疑問に感じる人。第三に、住民運動に具体的に携わっている人々。

ただ、どの立場の人も、全て「自立」というものを何らかの形で念頭に置き、推し進めようとしていたのは確かである。このシンポは、経済学者、産業界の主要ポストにいる人々を刺激したようだ。その後、自立論は、多様な展開を遂げる。

例えば、１９８３年の「新沖縄文学」は、「自立経済を考える」を特集し、現実具体的な「自立」の方向性について、さまざまな論文・意見を掲載した。そこでの議論は、沖縄の「自立の困難性」について、経済学から詳細な分析が加えられ、具体的な経済政策が行き詰まっていることが多くの論者から指摘された。

85年に経済学者・玉野井芳郎によって起草された「生存と平和を根幹とする『沖縄自治憲章』」を皮切りに起こった地域主義を巡る議論も見逃せない。また木崎甲子郎（地質学研究）の「複合体うちなあ論」、島尾敏男（作家）が提唱した「ヤポネシア論」、それを逆手に取った三木健（ジャーナリスト）の「精神の共和国・オキネシア論」、マイノリティとしての「琉球人」が独立することを主張した高良勉（詩人）の「琉球ネシア論」など、文化論的な自立論も相次いで提起された。

✦沖縄の特性は日本の可能性

このように、沖縄の文化的独自性、歴史的独自性、地理的特性が「辺境」あるいは「後進性」としてではなく、「個性」として見直す論調や取り組みが高まっていった。

その頃はちょうど、第1次沖縄振興開発計画が見直され、第2次計画のスタート時期でもあった。計画は復帰当初、本土との「格差是正」がメインであったが、1982年に策定された第2次振計は、その路線を引き継ぐとともに「沖縄の持つ可能性」として「豊富な太陽エネルギーと海洋資源」を挙げた。同計画は「本土と東南アジア諸国の接点に位置し、経済、文化等の交流を深めてきた歴史的経験を有するなど、広く国際社会に協力していく場として好ましい条件を備えている」ことから、「今後、これらの特性を積極的に活用することは、沖縄の経済社会発展を図る上で極めて重要であり、同時に、我が国国際経済社会の発展にも有益である」として、沖縄の「特性」が日本の「可能性」ともなるとする視点を打ち出している。

第3次振計に向けては、国際交流の視点から、沖縄の地理的・歴史的特性を踏まえて「アジア・太平洋諸国」まで射程に入れた沖縄振興が考えられている。この政策過程に浮かび上がる「沖縄」像は、特別自治論における「精神的自立」、琉球共和社会論における脱国家的な「精神共同体」、さらにその後に続く文化的自立論などと、一定の共鳴性を有しながら形成されたとみることができる。

第2次振計の重要施策の一つであるフリーゾーン設置にも、海外に目を向けた「沖縄」像が反映されている。沖縄経済の自立の展望が、国家の枠を越え、どう経済市場に参入していくかが議論されたのだ。歴史的視点から、薩摩による琉球侵攻以前、中国との関係を基軸とし、東南アジア各国と交易した「大交易時代」の再来にロマンを馳せ、琉球人が国境をまたいで活躍する姿に、将来の「自立」像を重ねたのだ。経済学者の嘉数啓は当時、こう述べている。

「東南アジア交流における沖縄の役割は明確である。『ヤマトンチュ』では困難な日本と東南アジアとの文化的共鳴の『触媒体』的役割を沖縄が果たすことである。つまり軍事目的のための『太平洋の要石』から、日本を含むアジアの平和と豊かさのための基地として沖縄を位置づけることである。これこそ『振興開発計画』でうたっている国際交流の拠点としての理念でなければならない」（嘉数「沖縄経済自立への道」『新沖縄文学』56号）

このような考え方は、振計など沖縄の重要政策で明確に位置付けられ、今も生き続けている。現在の沖縄県の沖縄振興指針「沖縄21世紀ビジョン」は、沖縄を「アジアの橋頭堡《ほ》」と位置付けている。振興基本方針も「沖縄はアジア・太平洋地域への玄関口として大きな潜在力を秘めており、日本に広がるフロンティアの一つとなっている」とうたい、潜在力を引き出すことが「日本再生の原動力になり得る」と強調する。沖縄はアジアの懸け橋となって、自身だけでなく、日本やその他のアジア諸国の発展を担えるというものだ。

沖縄に関する経済施策において、14～15世紀における琉球の「大交易時代」の歴史と重ねたビジョンが国際化へ向けての資源として創造され、「異文化に寛容な沖縄人」が国境を越えていく存在として再生産されていくありようがみられるようになっていく。その「沖縄人」は、経済発展を目指す担い手として政策実践でも機能しているのだ。

✦「国際性」言説の活発化

こうした沖縄の国際性を再評価する言説は、沖縄の指導者たちから相次いで発せられるようになった。後に県知事を務める稲嶺恵一は琉球石油の専務時代の1985年に、「本来はやはり沖縄と日本は異質であり、民族的な違いがあるあるのではないかと思う。それを同じだということでやろうとするところに、無理がある」と述べ、「沖縄は自立することによって初めて、プライドをもって、変な意味で同化されないで、充分にやっていけるという観点からすると、国際交流と地域経済の振興というのは、将来の沖縄にとって、非常に重要なものではないか」（稲嶺「国際交流と地域経済」『国際交流を考えるシンポジウム』沖縄県）と強調している。

このように、80年代中頃から県の産業界や政界の要人が、県民を「沖縄人」や「うちなーんちゅ」と名指しして、文化的・歴史的素質や資源を生かし、国境を越える可能性のある存在であると指摘するのは珍しくなくなっていった。87年、国際政治学者の我部政明はこう指摘している。

「凝集と拡散の論理で展開してきた『沖縄の固有なもの』をめぐる歴史として、沖縄をながめてみると、ウチナー的というタームで括り、独特なものとする情緒的な帰納方法と、世界にひろがるウチナーンチュの国境を越えているエネルギーとの相剋がみえてくる。この両者のバランスこそが、沖縄の国際交流で自覚されるべきではないだろうか。『ニライ・カナイ』の思想や『海洋の民』の思想にみられるように、沖縄の外的世界への面的広がりをもたらしてくれたのは海であった。国境のような境界線が存在しにくい海を通して、自由に自然の流れに沿っての往来が、沖縄の外的世界との交流のあり方の原点であろう。海を媒介にして、外へ出る、あるいは内に入る論理を身につけたウチナーンチュが、ウチナーンチュとしての自己規定を繰り返しながら、陸上、海上の国境をも飛び越していったのではないだろうか。ある意味で、陸上の概念にとらわれることで、沖縄の発展の軌跡が不鮮明になっているのではないだろうか」(我部「国際交流にみる差別と偏見」『新沖縄文学』72号)

✦世界のうちなーんちゅ

こうした「沖縄の発展軌跡」における将来展望の具体策として、1990年から「世界のウチナーンチュ大会」が県の主催で開かれるようになった。85年からの「琉球新報」の2年に及ぶ長期連載企画「世界のウチナーンチュ」を契機に、地元マスコミ各社がこぞって南米や北米、ハワイ、東南アジア、ヨーロッパなどで活躍するうちなーんちゅの生き様を次々に紹介した。報道は大きな感動と反響を呼んだ。こうした世論に背中を押された沖縄県が大会を実現させたのである。

大会の企画制作を担った琉球新報社の編集局長兼論説副委員長(当時)の三木健は、「改めて沖縄人のメンタリティを再確認させた。世界のなかの〝沖縄エスニック〟の発見といってもよい。そして

１万５千人余の県系人、県民らが参加し、会場が一体となった第５回世界のウチナーンチュ大会閉会式、グランドフィナーレ（2016年10月30日、沖縄セルラースタジアム那覇）

そこに『小さな島の大きな世界』（中山満琉球大学教授）を見たのだ。それは大和化のなかでマイノリティーを余儀なくされてきた沖縄民衆に、自信と誇りを与えた。沖縄民衆は〝もうひとつの沖縄〟に〝脱和〟の突破口を垣間見たのである」（三木『沖縄脱和の時代』ニライ社）と記している。

三木は、80年代以降における沖縄の時代的特徴を「脱和」と位置付け、次のように述べている。

「21世紀に向けて沖縄が生きていくためには、沖縄が沖縄であり続けること以外にはないだろう。沖縄が沖縄でありつづけるためには、日本の国家的な枠組にとらわれることなく、沖縄のもつ特性を最大限に生かしていくことである。それは沖縄社会の内実を豊かにするばかりでなく、日本をも豊かにしていくことにつながるはずである。沖縄の多様性を生かしていくためには、いま一つは、歴史的に培われた国際性を確立していくことである。前者は島嶼社会としての沖縄の内部に農業や医療、教育、情報といったさまざまな分野での知識や技術を蓄積し、発展させていくことである。後者は、海外、海外移民、異民族支配という日本の枠組からはみ出した沖縄の特異性を、21世紀の国際社会へと生かしていくことであろう」（前掲書）

世界のウチナーンチュ大会はその後もほぼ5年に一度開かれており、２０１６年には1万５３９５人が参加し5回目の大会が開かれた。海外参加者が過去最多の７２９７人だった。海外に沖縄系移民の子孫らは42万人いるという。

✦「自立」思想の政策化

復帰論者としてオピニオン・リーダーだった大田昌秀が１９９０年に知事に就任後、沖縄の自立・平和構想を具体的な沖縄県の施策として具体化した。その一つの節目は、95～96年頃であろう。沖縄の国際性を生かして交流の場を作るという国際都市形成構想、経済自立のステップとする自由貿易地域、米軍基地を返還させ、２０１５年までに段階的にゼロにするという基地返還アクションプログラムが柱である。これらはまさに大田の「自立」「平和」「共生」思想の政策化である。

70年前後、「祖国復帰」論議で指摘された、「平和憲法内実化の担い手としての沖縄人」「海洋民族・沖縄人」「ちゃんぷるー文化を有し異文化に寛容な沖縄人」が政策の中で生きている。70年前後に誕生した、これらの「沖縄人」が実践的主体として政策の舞台に公然と登場したのだ。

中でも、95年、沖縄戦終結50周年記念事業として「国際平和創造の杜《もり》」構想の一環で実現した「平和の礎《いしじ》」は、鉄血勤皇隊《てっけつきんのうたい》として沖縄戦の激烈な戦場と多くの友人の死を体験した大田にとって、大きな意味を有していた。

この50周年の3年前から沖縄県内全市町村に呼び掛けて総力態勢で戦没者の実態調査に臨み、県からも調査員を派遣し、一家全滅者、乳児死亡者も含む悉皆《しっかい》調査を実施した。県外の戦没者については、各都道府県から提出された名簿から調べ上げ、海外の戦没者については、韓国や北朝鮮にまで協力を取り付ける大がかりなものとなった。

毎年6月23日「慰霊の日」には大勢の遺族が訪れる平和の礎（糸満市摩文仁）

沖縄住民、日本兵、韓国・朝鮮人の軍属や慰安婦、アメリカ兵など、敵味方・国籍に関わりなく刻銘されたことが特徴だ。ただ、この沖縄戦戦没者全員の名前を敵味方・国籍の区別無く刻銘するという規定に問題点を指摘する声もある。論点は主に、加害と被害の関係をあいまいにするというものだ。韓国・朝鮮人から非難の声が上がったことが発端だった。朝鮮人・韓国人について、戦争犠牲者の実態どころか数すらも明らかになっていないことや、日本兵と一緒に刻銘されることを恥とする人々が少なからずいることなどが理由だ。

そこには、過去の沖縄戦の評価・継承と分かちがたく結び付いて、沖縄の加害の側面が浮かび上がるという構図があり、従来「アメリカ」や「やまと」に向けて強調されてきた

平和の礎と沖縄県立平和祈念資料館

沖縄戦における体験が、アジア的視点から再検討する必要性が確認される結果を生んだ。

平和の礎と隣接する沖縄平和祈念資料館で、アジア・太平洋戦争における沖縄の加害性が事実として確認でき、教訓を伝える展示を充実させることが課題となろう。それにより、沖縄の加害と被害の両面から得られる教訓が鮮明になる一方、平和の礎の「敵味方・国籍区別無く刻銘する」という平和の理念も、より生きると思われる。つまり、加害性の展示と礎は車の両輪の関係である。

平和の礎は、沖縄戦という「共同体の記憶」を呼び覚ます一つの文化装置の側面もある。戦後50年を機に建設された礎の前で、現在に至るまで、どれほどの人々が歴史的「沖縄人」を想起しただろうか。

3、裁判にみる「沖縄の主張」

✦ふたりの知事の弁論

復帰論・反復帰論の言説分析により明らかにしたのは、「日本人」と「沖縄人」の関係性が書き換えられていく論理的プロセスであった。新たな「沖縄人」が立ち上げられた後、沖縄県知事が国と争う裁判の場で、どのような「沖縄の主張」を展開したかを取り上げ、そこに登場する「沖縄（人）」像に注目したい。こうした法廷の場は、沖縄全体にとって、沖縄の過去や現在を代表する象徴的な言説を発する場だ。

二つの発言をみていこう。一つは、国による米軍用地の強制使用を巡る問題で、当時の大田昌秀知事が代理署名を拒否したことで首相に訴えられた1996年3月11日の代理署名拒否裁判における口頭弁論。もう一つは、米軍普天間飛行場の移設に伴う名護市辺野古への新基地建設を巡り、翁長雄志知事の辺野古埋め立て承認取り消し処分の取り消しを求めて国土交通相が提起した代執行訴訟の口頭弁論である。

⑴大田知事の主張

✦沖縄戦は日本国家の犠牲だった

大田知事の口頭弁論の大半が歴史への言及であることは注目に値する。沖縄における過去の被差別的歴史を開示することで、現在の否定性を投影し、その時間的連続性の下で新たな目指すべき「沖縄人」が登場しているからである。この新たな「沖縄人」とは、被差別的過去と現在を橋渡しする主体といえるだろう。

「沖縄人」は過去と現在の責任を問いただしつつ、平和を愛し、自立へと向かう共同体として再定義されている。日本政府との抗争の場である法廷で表明される歴史は、過去を再構成する「分節化の政治」の様相を強く帯びている。ここで言う「分節化」とは、沖縄が経験してきた過去の出来事と似た事象として、現在の基地問題を結びつける知的営みである。

口頭弁論で大田知事は、歴史的に差別された「沖縄人」が沖縄戦の体験を基に、基地や軍隊を拒否する主体へと移行していく過程を描いた。復帰論で展開した言説と同じように、沖縄戦は「日本国家の犠牲だった」と訴えた。その上で、戦争に関わることを一切拒否する「平和を愛する沖縄人」を15世紀にまでさかのぼって証明しようと、次のように述べた。

「尚真王《しょうしんおう》、これも非常に有名な王様でございまして、この王様が15世紀のころから武器を携帯することを禁止しましたので、欧米でも特に1816年にバジル・ホールというイギリスの海軍士官が沖縄に来まして、沖縄は武器のない国だということを記録に書いて、欧米でも平和愛好の民として沖縄人は知られてきたという歴史的な背景があるわけです。そのような伝統的な背景を生かす意味でも、沖縄では平和行政というのが非常に大事だということで、平和行政というものについては特に力を入れてまいりました」

この「平和愛好の民」である「沖縄人」は、「日本人」とは異質な存在として位置付けられているだけでなく、現在の「日本人」のあり方を問いただす積極的な担い手として、次のように表明されている。

「単に歴史にちなんだ考え方だけではなくて、日本という国はどちらかというと、同一言語、同一民族という画一性といいますか、それを非常に強調した教育をしておりまして、それが逆にどちらかといいますと、異なった民族、異なった文化、異なった言語を持つ人々を排除するというような点がございまして、沖縄は戦時中、沖縄の方言なんかというものも、そういった意味で日本の東京の標準語にそぐわない言葉だということで、これが卑しいものとして、こういうのは撲滅すべきだということで撲滅させられたり、沖縄的な服装とか音楽、たとえば、三味線をひくとか、これも二級の日本人がやるものであって、こういうものは忘れ去るべきだということで、そのような教育を受けてきました。これも一つには、異なったものを排除するということは、共生の生き方からは随分と離れた生き方になるものですから、そのような戦時中の苦い体験も踏まえまして、また来るべき将来を考える場合、世界連邦の話なんかもよく出ますけれども、異なった言語、異なった文化、異なった民族、異なった宗教を持った人々もみんな人間だという立場で、人類が本当にお互いにその異質性を認めあっていくことが、来るべき21世紀に向けて非常に大事な生き方じゃないかと

「米軍人による暴行事件を糾弾し、地位協定の見直しを要求する沖縄県民総決起大会」であいさつする大田昌秀知事（1995年10月21日、宜野湾市海浜公園）

いう気もしますので、そういう将来に向けての考え方も当然、入っております」

✦殺し殺される恐怖

こうした歴史的見地から日本自体を問いただす「沖縄人」を登場させた大田は、米軍基地が沖縄住民の生活を脅かしている現状を次のように述べている。

「(沖縄に)軍事基地を置くということは、いったん戦争があった場合にターゲットになるだけであって、こんな狭い地域で住民を避難させる場所もなければ、与える食べ物もない離島ですから、よそから持って来るわけにもいかないというのは痛切に感じたことですので、そういった意味から言っても、沖縄に軍事基地を置くのは県民の幸せな生活を保障することにつながらない」

これらの言葉から読み取れるのは、現在の米軍基地の存在が、「沖縄人」にとって、単に、米兵の犯罪や基地から出る騒音といった即時的な被害に対する苦しみとなっているということだけではなく、沖縄戦という過去の歴史における暴力の記憶が、「基地への恐怖」を喚起させているという点である。

すなわち、米軍基地は沖縄の現在にとって、世界秩序を維持する「平和的現在」なのではなく、「殺し殺される恐怖」を絶えず想起させる「戦場」として立ちはだかっているというのだ。

こうした「沖縄人」の過去と現在が、「日本からの自立」志向を生んでいる。米軍による土地収奪の過去が、「世界のうちなーんちゅ」に共通する「苦痛体験」として想起され、「自立すべき沖縄人」が次のように主張されている。

「私が先ほど来、自立自立ということを言っているのは、自らの一生涯のことを決めるのに、自分の力で決めることはできずに、全て頭越しに政府サイドで自分の運命まで決められてしまうという、その在り方というのはいかがなものかという気が非常に強くしまして、行政の責任者としてはできるだけそういうことを防いでいきたいと、そして、自ら生まれ育ったそれで生涯を送れるように可能な限り努力していくのが私の立場だと思います」

✦運命は自分で決める

こう説明し、「自立すべき沖縄人」と「平和愛好の民である沖縄人」は「国際平和」や「国際交流」の担い手として沖縄県政の政策実践に生かされていることを強調する。

「県民のアイデンティティーとでも申しますか、……いわば沖縄の県政のキーワードといたしまして、平和・共生・自立ということを挙げております。……特に沖縄の場合ですと、沖縄戦の体験というのを今もって県民は心の底に引きずっている形で生きておりますので、平和行政の推進という意味で、国際平和の杜構想というものを作りまして、まず、平和の確立というものに努めております。共生というものにつきましても、来るべき21世紀に向けて、我々が特色ある県政を作るためには、沖縄のこれまでの伝統的な生き方そのものを大事にする必要から、ユイマールとか模合《もあい》とかいった、文字通り共生の生き方そのものが伝統的に現在でも生き続けておりますので、これを非常に大事にしていきたいという意味で、異なった文化とか民族とか宗教とか、あるいは言語の違いとかいうのを乗り越えて、さらにはまた自然と人間との共生というもの、それから障がいや、あるいは健常者が一緒になって生きていくとか、あるいはお年寄りや若い人が一緒に助け合って生きていくという、そういうものを目指しております。さらに自立ということにつきまして、沖縄がかつて歴史的にみますと、絶えず自らの生活を自ら作り上げることができずに、他律的に生きるのを余儀なくされてきたという背景がありますので、それを自らの生活は自ら作っていくと、分かりやすい言葉で言いますと、自らの運命は自ら決定できるように、そういう生き方を作っていきたいということを基本に据えて県政を推進しているところです」

こうして「沖縄人」は再定義された。この「沖縄人」は「伝統的生き方」を引き継いだ、現在の「共生社会」の担い手でもある。この「沖縄人」の生き方は「アイデンティティー」として定義されている。平和行政の推進という文脈で登場する「沖縄人」は、米軍基地という暴力のへの否定性として弁証法的に登場した歴史的存在でもある。

「平和愛好の民」＝「沖縄人」は、単なる理念ではなく、政治の実践の中に生きた存在として「平和」を働き掛ける文化的パワーでもあるのだ。このパワーは、基地の暴力性が認知されればされるほど、歴史的影響力を帯びた「抵抗する主体」として機能するのだ。

大田の言う「沖縄の自立」とは、国際都市形成構想などに具体的に示されているように、米政府や日本政府によってではなく、自己の未来を自ら決定するという志向性である。大田にとって、自己決定権の行使や拡大・強化こそ「自立」につながるのである。

代理署名拒否はその意思表示の一つだった。

②翁長知事の主張

✦米軍基地が沖縄の未来を奪う

大田と同じように、裁判での翁長知事の主張も、沖縄の歴史をさかのぼり、住民の苦悩の連続性を指摘した上で、日本を問いただす主体として「沖縄」を設定している。その思考は、目の前に存在する広大な米軍基地が沖縄の未来を奪う存在であるため、それを否定することから出発する。基地があり続けているからこそ、沖縄の苦悩の歴史は「過去にはならない」と言い、基地こそが、過去と現在を取り結んでいることを告発する。

基地に未来を奪われない「沖縄県民」の意思として「自己決定権」を明確に主張し、自立へ向けてアジアを取り結ぶ存在として生きることこそが、沖縄はふさわしいと強調する。沖縄の歴史や文化を体現した「ソフトパワー」という影響力を行使する主体として「沖縄」を立ち上げているのだ。

この主体化の志向には、「市民主体—生成」や、沖縄の文化や伝統、歴史を「固有の価値」として定義する「分節化の政治」が存在する。復帰論・反復帰論の言説分析で開示した思考のプロセスや構造と相似形を成している。

沖縄の歴史について、翁長知事は、独立国として外交権を駆使していた琉球王国時代にさかのぼりつつ、併合された後は、「日本に尽くした」にもかかわらず、沖縄戦で破局を経験した経緯をこう説明した。

「アメリカ合衆国のペリー提督が初めて日本の浦賀に来港したのが1853年です。実は、ペリー提督はその前後、5回沖縄に立ち寄り、85日間にわたり滞在しております。1854年には独立国として琉球とアメリカ合衆国との間で琉米修好条約を結んでおります。このほか、オランダとフランスとの間でも条約を結んでおります。琉球はその25年後の1879年、日本国に併合されました。私たちはそのことを琉球処分と呼んでおります。併合後、沖縄の人々は沖縄の言葉であるウチナーグチの使用を禁止されました。日本語をしっかり使える一人前の日本人になりなさいということで、沖縄の人たちは皇民化教育もしっかり受けて、日本国に尽くしてまいりました。その先に待ち受けていたのが70年前の沖縄戦でした。『鉄の暴風』とも呼ばれる凄惨な地上戦が行われ、10万を超える沖縄県民を含め、20万を超える方々の命が失われるとともに、貴重な文化遺産等も破壊され、沖縄は焦土と化しました」

✦普天間問題の原点

さらに戦後史も持ち出す。現在の普天間問題の原点を、政府は1996年の橋本・モンデール会談に求め、沖縄県が県内移設を受け入れた原点については、99年に当時の県知事と名護市長が受け入れたことに求めていることに反論する。原点は「戦後、住民が収容所に入れられているときに米軍に強制接収をされたことにある」と断言する。

これらの歴史を持ち出す理由について、こう述べている。

「琉球処分、沖縄戦、なぜいま歴史が問い直されるのか。それは、いま現に膨大な米軍基地があるから過去の歴史が召還されてくるのです。極端に言うと、もし基地がなくなったら、一つのつらい歴史的体験の解消になりますから、『過去は過去だ』ということになるでしょう。銃剣とブルドーザーで奪われた土地が基地になり、そっくりそのままずっと置かれているから、過去の話をするのです。生産的でないから過去の話はやめろと言われても、いまある基地の大きさを見ると、それを言わずして、未来は語れないのです。ここのところを日本国が気づいていないものと考えております」

基地が現在も存在することが、歴史を問い直す契機になっているということだ。この歴史を主張することで、普天間問題が、日米同盟や安保体制、さらには日本の安全保障を真剣に考えるきっかけになってほしいという願いを込め、日本国民に「覚醒」を求めている。そこには新たな関係性を日本と結ぶ未来志向が含まれている。

「翁長知事を支え、辺野古に新基地を造らせない県民大会」で演説する翁長雄志知事（2017年8月12日、那覇市の奥武山公園陸上競技場）

「いつまでも昔の話をするなという方がいるかもしれません。しかし、本当の対話を可能にするには、こういう昔の出来事の話からしなければならないのです。仮に海兵隊が全ていなくなれば、あるいは少しは残ったとしても、私は「過去は過去」という話になり得ると思います。しかし、国土面積のわずか0・6％しかない沖縄県に、73・8％もの米軍専用施設を置いたまま、これから10年も20年、あるいは30年もとなると、やはり日米安保、日米同盟というのは砂上の楼閣《ろうかく》に乗っているような、そういう危ういものになるのではないかと思っています」

✦政治の堕落

現在の沖縄への米軍基地集中について、その「差別性」にも触れている。同じ国民として憲法で定める平等や人権などが沖縄県民にも保障されているはずだと主張する。それを「差別的な扱い」という言葉を使って告発している。そこに登場する「沖縄県民」は「未来を奪われた存在」として定義されている。

「沖縄は、冷戦構造のときには自由主義社会を守るという理由で基地が置かれ、今度は中国を相手に、さらには中東までも視野に入れて、沖縄に基地を置き続けるということになります。これはまるで、私たちの沖縄というのは、ただ、ただ、世界の平和のためにいつまでも、膨大な基地を預かって未来永劫、我慢しろということを強要されているのに等しいことです。沖縄県民も日本人であり、同じ日本人としてこのような差別的な取り扱いは、決して容認できるはずもありません」

このように訴えても「基地問題の原点も含め日本国民全体で日本の安全保障を考える気概も、その負担を分かち合おうという気持ちも示してはいただけませんでした」と批判する。そんな状況に「魂の飢餓感」が県民にあることを指摘する。その上で「沖縄が日本に甘えているのでしょうか、日本が沖縄に甘えているのでしょうか」と問いただす。「辺野古が唯一の解決策である」と、同じ台詞を繰り返すだけの政府の対応に対し「日本の国の政治の堕落ではないか」と批判した。

批判はさらに民主主義や人権、平等といった「普遍的価値」の共有という高い次元にも及ぶ。沖縄には普遍的価値を希求し、その価値の体現を目指す「市民主体」の生成という戦後史が存在する。翁長知事は戦後沖縄における市民の闘いとの連続性を基に「沖縄」を、象徴性、形式性の高い市民主体に置き換えて日本政府を糾弾している。大田知事と同様、ここにも分節化の政治をみることができる。日本は自国民の人権、平等、民主主義を守ることができなくて、世界のリーダーになれるのかと強い疑問を呈し、こう述べた。

「安倍総理大臣は、国際会議の場等で、自由と平等と人権と民主主義の価値観を共有する国と連帯して世界を平和に導きたい、というようなことを繰り返し主張されておられます。しかしながら、私は、今の日本は、国民にさえ自由、平等、人権、あるいは民主主義というようなものが保障されていないのではないか、そのような日本がなぜ他の国々とそれを共有できるのか、常々疑問に思っておりました。そこで、沖縄の状況を世界に発するべきだと考えたのです」

ちなみに翁長知事は2016年9月、国連人権理事会で演説し、「沖縄の人々の自己決定権と人権が侵害されている」と訴えた。沖縄の知事が国連の場で沖縄の問題を訴えるのは初めてであった。

✦ソフトパワー

翁長知事は米軍基地の存在に脅かされている「沖縄の未来」を守るために、「基地はこれ以上造らせない」という「自己決定権」を主張する。それは、米軍が土地を強制接収をした「厳しい情勢」の中で、「沖縄は今日まで自ら進んで基地のための土地を提供したことは一度もない」という先人たちの闘いが「素地」だという。沖縄の未来を守る決意を示す中で「自立」へ向けた沖縄像が語られるとき、沖縄の言葉や文化、伝統、歴史などを持ち出し、それらは「ソフトパワー」であり「誇り」だと強調する。

『『強くしなやかな自立型経済の構築』を実現していく上で大きな力となるのが、うやふぁーふじ（先祖）から受け継いできた、沖縄の自然、歴史、伝統、文化、あるいは万国津梁《しんりょう》の精神といった、いわゆるソフトパワーの活用です。アジアのダイナミズムというのは、今やヨーロッパ、アメリカをしのぐ勢いであり、既に沖縄はそのうねりに巻き込まれつつあります。かつて沖縄はまさしく日本の辺境、アジアの外れという場所でしたが、今はアジアの中心、そして日本国とアジアを結ぶ大変重要な役割を果たすようなところにきています。沖縄には、チャンプルー文化、いちゃりばちょーでー（一度出逢ったら皆きょうだい）として知られる文化や生き方があります。これは小さな沖縄が周辺の国々に翻弄されながらも一生懸命生き抜き、積み重ねてきた歴史から来るものであり、誇るべきものであります」

沖縄の長い歴史的スパンからみると、「後進性」「野蛮」「未開」というイメージが付与され、差別の標識として機能した「沖縄人」の「価値」を転換する言説だ。「チャンプルー文化」や、「いちゃりばちょーでー」という沖縄の精神性は、周辺国に翻弄される中で生き抜いてきたことで培われた「価値ある伝統」として評価している。そこには、現在の視点から過去＝伝統に「現在的価値」を見いだし、過去を再構成する分節化の努力が見て取れる。

翁長知事の言説には、「ソフトパワー」と述べるように、戦前からのマイナスのイメージを、過去を再構成しプラスに転換することで沖縄に力を与える、いわゆる「エンパワーメント」の知的営みがある。その文脈で語られる「沖縄県民」は、「自立」の気概を持ち、アジアを結ぶ担い手として定義されている。ここにも、分節化の政治や市民主体化の政治が存在する。

V 沖縄の今と未来

1、「日本国民」になるということ

✦「市民（良民）」＝「国民（臣民）」＝「日本人（大和人）」の構図

本書では、沖縄の歴史に表れた「国民なるもの」および「民族なるもの」を検討する手掛かりとして二つの分析枠組みを設定した。

一つは、「国民」という主体が制作されるときに作動する文化装置のありように関するものである。この観点からみた「沖縄人」とは、歴史社会学者・冨山一郎が議論したように、共通の属性により客観的に与えられるものではなく、主として教育や労働の場において能力判定の標識として機能するカテゴリーであり、歴史的に読み解かねばならないものとして位置付けた。

沖縄近代史において、「沖縄人」カテゴリーがスティグマ（差別的烙印）として機能したという論拠として、明治期の風俗改良運動、昭和期の生活改善運動を取り上げ、「沖縄人」が「日本人」とは「異質な他者」として位置付けられ、その「異質性」が「後進性」や「野蛮性」に読み替えられることにより、払しょくされるべきものとしてカテゴライズされていった歴史過程を示した。「沖縄人」であることが、「宿命性」と「道徳的犯罪性」を同時に刻印し、生活の隅々から身体に至るまで「監視」と「恫喝」を呼び込む存在として生活実践の中に組み込まれていったありようである。

すなわち、沖縄民衆が自ら目指した「あるべき生活態度」とは、沖縄の言葉を改め、和風の服装を着こなし、三線の歌いや毛遊《もうあし》びなどを生活習慣から排除していくことであった。「沖縄人」という他者の形成は「日本人」の形成でもあり、従って両者が形成されていくプロセスとは、「市民（良民）」、「国民（臣民）」、「日本人（大和人）」が癒着した実践の場で「沖縄人」が排除され続ける過程であった。このように、戦前の沖縄史からは、「同化」と「近代化」が癒着した実践の場に「沖縄人」を発見することができるのである。

この分析枠組みから得られる知見を前提とし、中心課題に位置付けた二つ目の分析枠組みは、沖縄の戦後史において「市民」＝「国民」＝「日本人」という癒着の構図が、完遂されることのない関係原理に焦点を当てて構成した。重要なポイントは、「民族なるもの」や「国民なるもの」への否定性を媒介させる「市民性」原理を参照した実践である。実践とは、個が自己否定することにより、弁証法的に普遍的理念に向かう「市民主体化」のプロセスであり、そこには「民族」間の社会関係が書き換えられる論理（＝分節化の政治）が内在している。

この視座を用いた具体的課題は、戦後の日本復帰運動と、「復帰」言説の中に、「市民」＝「国民」＝「日本人」という癒着の構図へ、「市民主体」としての「沖縄人」が介入するありようを発見する作業であった。

そこで注目したのは、米軍基地問題という現実の否定性を軸として展開される「異議申し立て」の論理である。

✦市民性原理の追求

戦後の日本は日本国憲法に刻まれた市民性原理を追求する諸施策が実行された。その日本から切り離され、事実上の米軍占領下に置き続けられた沖縄の人々は、平和や人権が憲法で保障され、発展を遂げる本土を目の当たりにした。沖縄では、基地被害が絶えないばかりか、人権保障もままならない。その状態から市民性原理を享受できる「日本国民」への「復帰」は、現状打開の最善策と考えられたのである。

ただし、1950年頃に組織化された初期復帰運動は「日本国民になる」ことと「日本人になる」ことが自明の理として等置され、民族主義的主張が色濃かった。「子が母の下に帰ることが自然の理である」という言葉に象徴されるように、「日琉同祖論」に依拠したナショナリズム運動だった。

だが、土地闘争を経て人権意識に芽生えた沖縄の人々は1960年以降、「人権保障」や「自治権獲得」を全面的に運動目標として掲げるようになる。65年頃、ベトナム戦争が激化すると、沖縄は出撃拠点だったため、これに対抗し、「反戦平和」を掲げた。ここにおいて市民性原理の追求は頂点に達する。運動は「基地撤去」「無条件全面返還」をスローガンに、5万~10万単位の民衆を動員するまでに拡大する。

「民族主義的復帰」から「憲法復帰」、そして「反戦復帰」へと復帰主張の強調点が移行する復帰要求の変遷過程は、「平等」や「反戦平和」などの市民性原理を根本的に問いただす、形式性や象徴性の高い「市民主体」を立ち上げる政治的・歴史的コンテキスト（文脈・状況）を準備したのである。

1960年代後半、対沖縄政策の主導権が、アメリカから日本へ移行していく過程で沖縄返還プログラムが確定する。日米両政府によって交わされた返還協定の内容が、運動側の要求にそぐわないことが明らかになる中、復帰論・反復帰論が「祖国復帰」を根本的に問い直す試みとして表面化する。どちらとも、「日本人」対「沖縄人」という二項対立の民族表象を登場させ、沖縄の歴史を検証している点では共通していた。

ここに現れた民族表象は、対沖縄政策の主導権の移行と並行し、運動の対抗軸をアメリカから日本本土へ移していくプロセスにおいて登場したものである。この政治的文脈に注目したのは、その表象の意味を、より正確に把握するためであった。

この見地から復帰論・反復帰論を分析することにより明らかになったのは、「祖国復帰」＝「日本国民になる」という主体関与のプロセスが主題化され、その根本的意味が問われてはじめて、歴史的存在としての「沖縄人」が想起されているという点である。いわば「祖国復帰」は、沖縄戦に至った沖縄近代史における「日本人になる」という過程のアナロジー（類推）により評価されたのである。

✦暴力の記憶

より重要なことは、「沖縄人」が形象化されるとき、各論者に見受けられる、「日本（人）」に対する「異和感」や「不信感」を内包したアンビバレンス（二律背反性）である。復帰論者にしても、反復帰論者にしても、「日本人になりたくてもなりきれない」という「引き裂かれた自己」を体験し、広大な米軍基地という否定的な現実の前で、「平和」や「平等」の理念の実現を目指したユートピア的な「共生社会」を描きながら「沖縄へのこだわり」を表明しているのである。目の前に立ちはだかる米軍基地という暴力に対する否定性と「日本国民」への不信感、これらの説明言語として「日本人」／「沖縄人」という共同体表象が用いられている。

ここで表明された「沖縄人」とは、各論者の身体より発見され、それが飛躍的に歴史的カテゴリーとして表象された、いわば疎外態と呼べるようなものである。というのも、各論者は、「否定的現在」を前にして伴う苦痛を、差別の標識として機能した「沖縄人」の想起と連動して自覚されるものと告白しているからである。同時に主題となった歴史は、反復的に問い返される沖縄戦という「暴力の記憶」であった。

やや一般化していえば、沖縄には、沖縄戦という社会全体が破局した歴史の傷痕と、米兵犯罪などの基地被害の記憶が、戦後70年余、目の前の東洋最大の米軍基地に対する絶え間ない発話（同一性への問いや基地に関する異議申し立て）の中で想起され続けている状況が存在する。それはある種の強制を伴っている。基地の被害と恐怖があり続けているがゆえに忘却を許さないのだ。

「沖縄の痛み」とは、「殺し殺される恐怖」を絶えず想起せねばならない、こうした現状にほかならない。それは、暴力の歴史が絶えず日常に忍び寄り、「否定的自己」という歴史の暴力が行使される、終わりがみえない連続的瞬間でもある。

「沖縄問題」の本質的な問題性とは、国土面積0・6％の沖縄に、全国の米軍専用施設の約7割が集中しているという数字だけにあるのではなく、沖縄への「暴力の歴史」が沖縄の人々の日常に入り込み、「恐怖」を喚起させ続ける状況、いわば死と隣り合わせに生き続けなければならない状況、そこに存在するのである。この状況が沖縄の人々の胸の奥底に蓄積された「マグマ」や「魂の飢餓感」といった歴代知事の言葉を生み出している。

いわば、沖縄戦のトラウマ（心の傷）に米軍基地というナイフが突き刺さったままの状態だ。アメリカが海外で戦争をする度に、沖縄の基地が出撃地となることで、戦場と隣り合わせであることの恐怖を喚起させる。その媒体である基地は、心の傷をえぐるナイフなのだ。

2、「沖縄人」の主体形成を巡って

✦沖縄はアジアの橋頭堡

戦後沖縄における日本復帰運動がもたらした「沖縄人」とは、放置され続けている広大な米軍基地という「現在の責任」と、沖縄戦という「過去の責任」とを同時に問いただす主体であった。責任を問いただす「沖縄人」という歴史的主体は、被抑圧的自己という否定的歴史だけでなく、それを乗り越えるため常に自己の可能性に向かい、自身を未来に投げ掛けていく存在でもある。

「基地の整理縮小・撤去」を目指す「抵抗の主体」として立ち上げられた「沖縄人」は、結果として、沖縄の未来について、「祖国復帰」から「自立」へという論点の移行をもたらした。「国民国家」に完全に包摂されない過剰な性格を付与されたこの主体は、米軍基地への否定性が強まれば強まるほど、国家を超えていく存在として正当化されていく。

1972年の日本復帰後、「自立」論議が政策過程に転移していくプロセスの中で、「沖縄人」は国際性豊かな人々、あるいは「海洋民族」として再定義されていった。この一連の論理には「土着へ向かうインターナショナリズム」というパラドックス（逆説）が存在する。それは、「復帰」論議が分節化した論理であり、自由や平等などを追求する市民主体としての形式性や象徴性を高めたからこそ、現在の視点から過去や土着文化を再評価し、「沖縄人」に内実を与える論理が必要になったのである。この論理展開を明らかにした。

再定義された「沖縄人」は、「新たな沖縄県づくり」という政策過程の中で生き続け、歴史的影響力を行使し続けている。大田県政時の基地アクションプログラムや国際都市形成整備構想、自由貿易地域構想には、「海洋民族」「万国津梁《しんりょう》の民」「平和愛好の民」としての「沖縄人」像が根底に据えられている。沖縄を「アジアの橋頭堡《きょうとうほ》」と位置付けている現在の沖縄振興指針「沖縄21世紀ビジョン」にも、そうしたイメージが受け継がれ、反映されている。

✦土着主義の落とし穴

この国境を越える「沖縄人」は、「平和愛好の民」という国際交流の担い手であると同時に、基地問題への異議申し立てから反照的に再生された歴史的存在でもあった。ここにみられる論理展開は、異議申し立ての中で問い返され続ける市民性原理が、「国民国家」に包摂されない過剰性を生み、その過剰性が土着性として再定義される逆説的思考である。その論理展開を生じさせる米軍基地への否定性こそ、「沖縄人」という主体を再生産する言説の原動力なのである。「祖国復帰」から「自立」へと向かう議論展開の場には、このような政治性が含まれていたのである。

一方で、民族的名称を負う「沖縄人」は、共同体として共有する時間を紡ぎ、歴史の連続性を保障する自然体としての役割も担わされている。「平和愛好の民＝沖縄人」が、14、15世紀以来の本質的な民族的属性とみなされ、米軍基地を巡る「歴史的・構造的差別」に対する「異議申し立て」とともに登場するとき、対照項である「日本人」は、例えば「醜い日本人」（大田昌秀）として措定されている。すなわち、米軍基地反対の表明が、平和や共生、平等といった近代理念の希求に根ざされることにより、「沖縄人」の主体性が形式性や象徴性を高め、より他者へ開いていく主体を喚起し続ける一方で、それがあたかも「沖縄人」の文化的本質であるかのように語られてしまう文化主義の論理が働いている。

新たに「沖縄人」が再定義されるときの「土着へ向かうインターナショナリズム」については、こうした均質的に塗りつぶされる「沖縄人」の非歴史化や、「醜い日本人」を新たに創り上げてしまう言説の暴力性を問題化することもできる。それは、パレスチナ系アメリカ人の文学研究者E・サイードの言うオリエンタリズムを反転させただけの土着主義という、自民族中心主義への批判にも通ずる。またアルジェリアの精神分析医F・ファノンは、被抑圧的歴史を回収してしまう、この土着主義的な文化主義への誘惑と闘った。

✦表明の状況

「沖縄人」という民族的表象は、認識論的暴力の担い手となる誘惑に常にさらされている。この民族的カテゴリーが形成されてきた歴史を忘却すればするほど、たちまち「均質志向社会性」が忍び寄り、他者を排除する力の作用や実践の場を現出させてしまうのである。「われわれ沖縄人」を主語＝主体として立ち上げた瞬間に起こる排除の論理とその暴力性にも目を向けなくてはならない。沖縄島と、八重山諸島や宮古諸島、沖縄島周辺離島との関係における人々の差別／被差別の歴史を覆い隠してしまう危険性も、この「われわれ沖縄人」というアイデンティティー表明には含まれている。

そこで、表明された「沖縄人」という主体を、より深く考えてみる必要がある。この認識論的暴力の問題について、こだわらざるを得ないのは、「単一民族」を「多民族」に置き換えるだけの「文化的多元主義」や、「日本単一民族社会批判」の限界を乗り越えるための論点が存在するからである。この点に関しては、I章で述べた作家・徐京植《ソキョンシク》の指摘は重要だ。

徐は「文化」や「民族」を、あらかじめ設定された属性なるものではなく、むしろ「文化」や「民族」を定義する営為そのものや、また差別や抑圧が、引き剥がしや「欠落の痛み」を生じさせると主張した。その「痛み」を起点に「文化」や「民族」は表明されるものと位置付けた。

重要なのは、このような「『欠落』の痛み」を感じたときに、「朝鮮人」あるいは「沖縄人」が表明される瞬間なのである。その瞬間を起点に発せられる「沖縄人」とは何者か、が重要なのである。このため本書では、誰が、いつ、誰に対して、どのような要求や意味とともに民族的名称を突き付けたかというコンテキスト（文脈・状況）に着目してきた。それは差別／被差別の関係が、過去の連続性の主張とともに定義される瞬間でもある。

「ナショナリティー形成」の視点から「沖縄人」カテゴリーの歴史化にこだわってきたのは、「沖縄人」がいかなる政治的・歴史的コンテキストにおいて意味付けされてきたのかを明確にしたかったからである。歴史化の意義は、個の分節化の実践を無視する時間の剥奪を回避するだけでなく、民族的表象が、いかなる意味を有する、どんな存在なのかを見極めるところにもある。ゆえに、1970年前後の復帰論・反復帰論から自立論に至る政治的言説の磁場、それぞれにおいて注意深く「沖縄人」像を見ていかなければならなかったのだ。

✦暴力への責任

こうして立ち上げられた「沖縄人」が、「醜い日本人」を創り上げてしまうという文化主義を担ってしまい、認識論的暴力を作動させてしまうことは、ある言説を生み出す論理における解決困難な問題（アポリア）として放置せざるを得ないのだろうか。そうとは考えない。まず注意せねばならないのは、「沖縄人」が表明される瞬間、そこには物理的暴力が現在進行形で作動している事実があることだ。

日本復帰前、「沖縄米軍基地がベトナム人民の殺害に加担している」という運動内部における現状認識は、実際に殺されていくベトナムの人々への想像とその否定性を前提に発せられたものである。復帰直前の「反戦平和」を伴う「復帰要求」は、沖縄米軍基地の機能が多くの人命を奪う物理的暴力とみなされ、まさにその現場で反戦復帰（例えば2・4ゼネスト）が要求されたのだ。

広大な米軍基地が残った日本復帰の在り方に対する異議申し立てや、1995年の少女乱暴事件など、米軍絡みの数々の事件・事故の度に叫ばれてきた「うちなーんちゅ（沖縄人）」は、物理的暴力に対する抗議の叫びであった。

叫ばれたのは、国民国家内部の民族や文化の多様性の一つとしての民族の表象ではない。表明されたのは物理的暴力が発動する場で、暴力に対抗する特定の人々（マイノリティー）が認識論的暴力あるいは物理的暴力の担い手として、主体を立ち上げざるを得ない、抵抗の瞬間である。言ってみれば、土着主義的文化主義が内在する認識論的暴力が誘惑たり得るのは、圧倒的物理的暴力に囲まれた場、そこにこそ存在するのである。

言うまでもなく、このとき重要となるのは、圧倒的物理的暴力を発動させてきた（させている）のは誰か、あるいは何か、という責任を追及する問いである。「沖縄人」の土着主義や文化主義の側面を批判する前に、まず、この責任を突き詰めて問わねばならない。

加えて、これらのメカニズムがもはや「民族」というカテゴリーの問題領域に納まるものではないことにも留意せねばならないだろう。例えば、1995年の米兵による少女暴行事件の際に、少女暴行＝レイプという物理的暴力について、背景にある軍隊の構造的暴力を問題化し、抗議の声を上げた女性たちがいた（例えば「基地・軍隊を許さない行動する女たちの会」）。「女性」というカテゴリーを立ち上げることで、男性／女性の権力関係の問題領域も浮き彫りにした。

近代の歴史的産物であるアイデンティティー、すなわち「民族」や「性」を巡るアイデンティティーを分節化する力が、米軍基地やレイプといった物理的暴力に囲まれた現場で作動している。暴力からの「痛み」を覚えたその瞬間に「市民とは誰か」という救済への希求が、アイデンティティー表明を喚起しているのだ。

マイノリティーの異議申し立てを巡るアイデンティティーの政治について考えるとき、近代性そのものに内在する物理的暴力と認識論的暴力の連動的関係性や抵抗の論理、それらの抗争的関係性への洞察抜きでは、問題の核心に迫ることはできないだろう。

3、物理的暴力と不条理

✦米軍専用施設の差別性

現在に連なる沖縄からの異議申し立ては、国土面積のわずか0・6%にすぎない沖縄に、在日米軍専用施設の7割以上が集中する現状が、「差別」を告発する根拠の一つになっている。米軍専用施設が集中しているということは、その分、治外法権的内容になっている日米地位協定の適用範囲も広いことを意味する。

自衛隊基地や、自衛隊と米軍の共同使用地域も含めると、沖縄の基地負担の割合はもっと小さいとの指摘がネットなどでよく見られるが、これは米軍専用施設の差別性から目を背けるもので、「差別」

の告発を矮小化する意図が透けて見える。

基地という物理的暴力が集中する沖縄では、それ自体の暴力性だけでなく、絶えない事件事故、憲法が保障する権利との矛盾だけでなく、そしてそれにおびただしく付随する、日米地位協定のような不条理も重なっている。その不条理は、例えば、米軍絡みの事件・事故に対する日米政府の対応にも体現されている。米軍基地の運用を最優先にするあまり、県民の生命や人権、財産、暮らし、自然を守る対応をせず、県民の民意を無視するものになっている。

米軍基地の物理的暴力は、平時においては、米軍絡みの女性へのレイプなどの暴行のほか、米兵による殺人、放火、窃盗など数々の事件に表れている。沖縄が日本に復帰した1972年から、2016年5月までの間、米軍人・軍属・家族の刑法犯は5910件に上る。うち殺人・強盗・放火・暴行の凶悪犯は575件だ。復帰後に沖縄で起きた米軍機の墜落事故は2017年5月までに48件。年に1度以上の頻度で起きている。

米軍絡みの事件・事故は、米軍基地がなければ発生せず、被害者は救われていたはずの「余計な」被害である。被害者は著しく傷付き、家族や親戚、友人・知人らも悲しみ、県民は「またか」と憤り、再発の不安や恐怖に陥る。

✦沖縄人の「マグマ」

軍用機事故の場合は、原因究明・再発防止策が徹底されるまでの間、飛行を停止するよう県側が求めても、飛行を強行する。事件の場合、米軍は「規律の徹底」「安全巡回」などを繰り返すが、実効

沖縄県の米軍基地

参考：沖縄県「沖縄から伝えたい。米軍基地の話。Q&A Book」

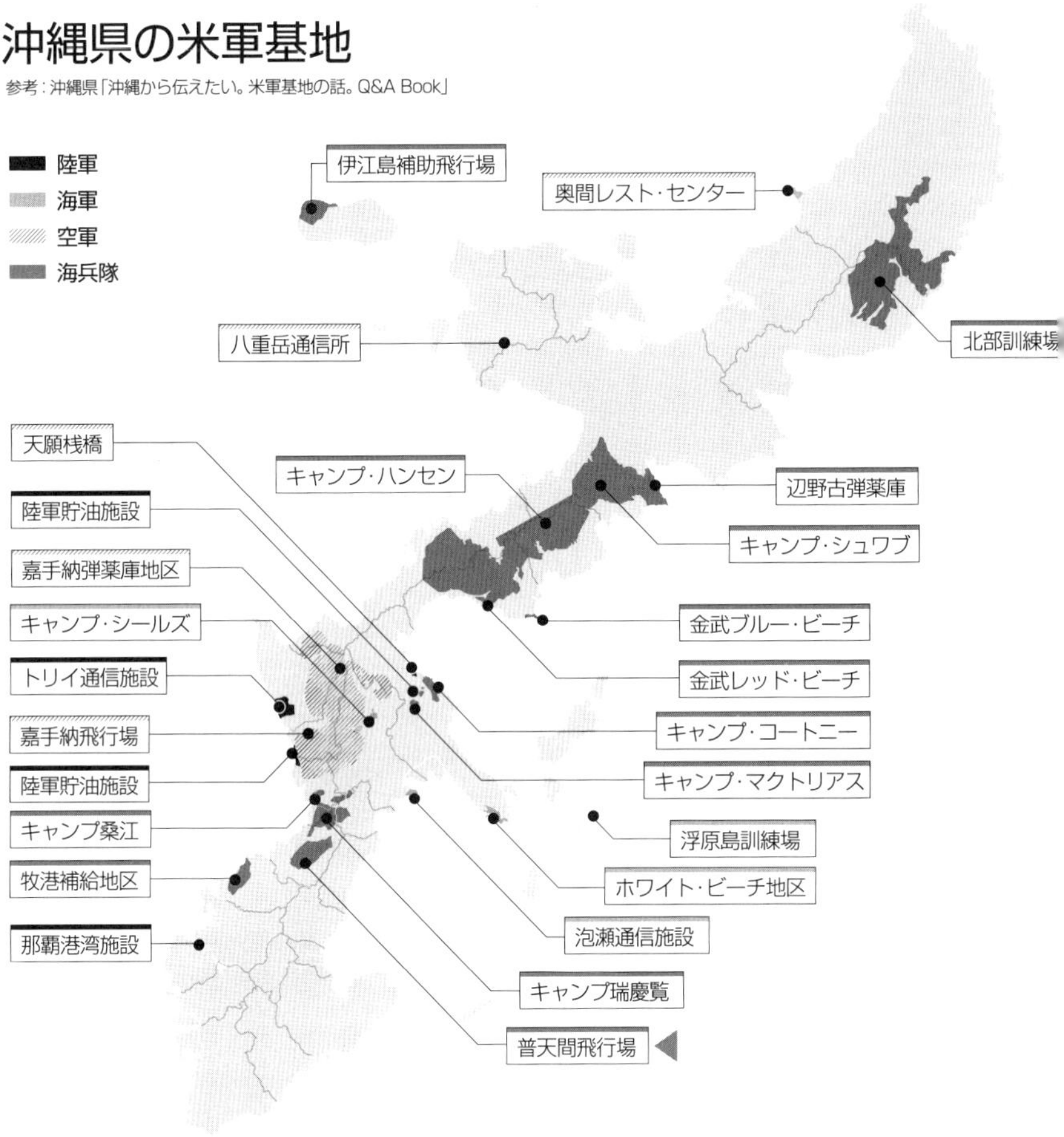

性に乏しく、米兵はいとも簡単にルールを破って再び事件を起こす。米軍の対応を日本政府は追認する。こうした不条理が延々と重なり続けている。

米国が海外で戦争する度に沖縄の基地が出撃地になるような有事においては、県民は戦争の加担者にさせられ、敵地から標的にされる危険にさらされる。平時においては人権侵害や自然破壊、有事においては命の搾取。そんな物理的暴力に囲まれ続けていることへの蓄積された怒りこそ、沖縄人の「マグマ」なのだ。それは随所に、知事選や国政選挙など主要な選挙の結果に「民意」として噴出する。

その「マグマ」は、「日本人である」「日本国民である」ことに亀裂を生じさせる。沖縄人の内面に自己分裂を起こさせる要因ともなる。沖縄には憲法は適用されているのか、自治は尊重されているのか、民主主義はあるのか——。抗議が繰り返されても事件・事故は後を絶たない。この状態が続けば、「私らうちなーんちゅは日本人として扱われているのか。日本国民とみなされているのか」との疑念は膨らんでいくに違いない。

この状態の継続は結果として、「抵抗の主体」「異議申し立ての主体」「歴史的主体」である「沖縄人」の表明につながるだろう。逆にみれば、「沖縄人」を培養しているのは、沖縄を国防の道具にし続け、自己決定権や人権を侵害して植民地たらしめている日米の植民地主義といえるかもしれない。「日米同盟」の名の下で、それを結果的に支えている日本人も、沖縄への植民地主義の責任を負うべき当事者だ。

4、「うちなーんちゅ」とは何者か

✦再定義された「沖縄人」

本書では、日本のナショナリティー形成と連動した沖縄のアイデンティティーを探る目的から、主に1970年前後の日本復帰論と反復帰論に着目した。その時、「日本人」を根本的に問う「沖縄人」が表明されたからである。沖縄の戦後最大の政治イベント「日本復帰」時において、表明された沖縄のアイデンティティーは、その議論や内容、論者の面々を見ても、象徴性・代表性の高い言説であったとみることができる。

日本復帰前、沖縄を統治していた米国は、「沖縄人」あるいは「琉球人」のアイデンティティーを自覚させる施策を敷き、日本と分断して永続的な支配を狙った。これに反発した復帰運動では、それらの民族表象を表だって公表するのは避ける傾向にあった。むしろ「日の丸」の旗を振るなどして、「日本人」をアピールしたのである。「日の丸」は米軍に対する抵抗のシンボルだったのだ。

しかし、復帰を前に、沖縄返還協定の内容が明らかになり、大半の米軍基地が残ることが明らかになると、「日本に裏切られた」との思いから、戦中・戦前の歴史をひもときながら復帰を根本的に問い直す議論が噴出した。それが復帰論・反復帰論である。

そこで表明された「沖縄人」は、日本の近代国民国家形成過程でかたどられた、払しょくすべき「沖縄人」とは形相を異にしていた。表明されたのは、「野蛮」「未開」「後進性」などマイナスイメージが付与された「沖縄人」ではなく、「平和愛好の民」「海洋民族」「ヒューマニズムの担い手」などプラスのイメージに逆転した「沖縄人」である。それらの言説は「沖縄人」を再定義する知的営みといえるものだった。

言語をシニフィアン（意味するもの）とシニフィエ（意味されるもの）の視座で分析する記号論の見地から言えば、復帰論・反復帰論において「沖縄人」のシニフィエが書き換えられたのである。ここに分節化の政治をみることができた。

新たに定義された「沖縄人」は、米軍基地という物理的暴力を否定し、沖縄の差別の歴史を踏まえて立ち上げられた「抵抗の主体」「歴史的主体」であった。なおかつ、暴力や差別を否定すればするほど、自由、平等、平和、共生、民主主義などの普遍的価値に共鳴する、形式性・象徴性の高い「市民主体」としての性格を帯びていた。

✦オキナワン・スピリッツ

この主体性を帯びた「沖縄人」は1972年の日本復帰後、沖縄・自立言説や国際性言説において鍛えられていく。沖縄人であることの価値は、「劣等感」から、「自信」や「誇り」に変換されていった。

特に注目したいのは、沖縄人の精神（オキナワン・スピリッツ）として市民権を得ている五つのキーワードである。県外・海外のうちなーんちゅを含めて沖縄人に広く共有されている「沖縄人らしさ」

と言われてきたものである。

一つ目は「命《ぬち》どぅ宝」（命こそ宝＝人命尊重）である。沖縄戦の体験、その後の土地闘争などを経て培われた。

二つ目は「ゆいまーる」（助け合い＝共生）である。サトウキビの収穫作業、模合などの相互扶助、あるいは普段の福祉の精神にも用いられる。

三つ目は「ちむぐくる」（肝心＝思いやりの心）。人への優しい心を意味し、人権思想にもつながる。

四つ目は「いちゃりばちょーでー」（出逢えば皆きょうだい）。人と人の心の壁が取り払われた（心のバリアフリー的）人間関係である。他者への寛容の精神につながる。

五つ目は「先祖崇拝」。祖先のおかげで自分たちの命や暮らしがあるという観念が込められており、祖先を大切にすることが自分たちの幸せにつながると信じられている。民間信仰として定着している。「先祖―私たち―子孫」という沖縄人の超時間的関係を生み、子孫を大切にする心にもつながっている。世代を超えた共生の精神である。

世界のうちなんーちゅの取材で、ハワイ、米本国、ブラジル、アルゼンチンを訪れた経験があるが、それぞれ遠隔地であっても、「沖縄人のアイデンティーとは」と聞くと、これら五つの言葉は不思議と口をそろえて出る言葉である。

これらの精神性は、沖縄の歌や三線、踊り、文学などの芸術作品、地元の新聞やテレビ、映画などの表象・言説で日々使われ、「沖縄人らしさ」として日々生産され続けている。沖縄の日本復帰後、その生産性・拡散性は衰えることなく、むしろ活発化しているようにもみえる。

✦対話や交流の仲介役

これらの言葉は、それぞれ解説したように、命、共生、人権、寛容といった普遍的価値と共鳴する意味を持つ。洗練されて残り、今でも沖縄の精神として流布しているのは、復帰論・反復帰論にみられた「土着に向かうインターナショナリズム」という思考様式が、米軍基地の暴力の否定とともに沖縄において一般化し、定着したのではないかと考えることもできる。復帰論・反復帰論はその素地を作ったのではないだろうか。それが本書の結論の一つである。

沖縄人のアイデンティティーは、自由、平等、平和、共生などの普遍的価値と共鳴する形式性・象徴性の高い「市民主体」の性格を帯びていると述べた。それは他者と価値観を共有できる可能性を、より大きく秘めている。象徴性・形式性が高いということは、平たくいえば、器が大きいということだ。沖縄人は、沖縄戦、米軍基地闘争、そして米国統治下における自治権や生活権といった権利の獲得闘争の体験から、市民性原理を追求する主体性を自ら培ってきた。

沖縄のアイデンティティーへの問いや、暴力を否定してきた経験は、普遍的価値の実現に向けて他者と交渉する素養を磨いてきたことにもなる。沖縄の反基地運動が「非暴力」を貫いてきたことからも裏付けられる。

その象徴性・形式性の高い主体を培ってきたという特性は、やまとんちゅ、アジア諸国の人々、アメリカ人も含めた、対話・交流のコーディネート役にふさわしい素質を有すると考える。東アジアの平和や共生の実現に向け、国や社会の壁を越えた多くの人々に対話や交流を通して働き掛ける、東アジアや世界の懸け橋の担い手としての役割だ。市民主体は市民性原理の実現を目指すために、より大きく外へ開いて交渉・対話する地平を開くパワーになれるからだ。

5、沖縄の自己決定権と脱植民地主義

✦国の道具にされてきた歴史

現在、沖縄県名護市辺野古沖への米軍新基地建設を巡り、建設を強行している日本政府と、建設断念を目指す沖縄県が激しい裁判闘争を繰り広げている。なぜここまで対立は深まったのか。それは、「日米同盟」とその下での安全保障政策を「国益」あるいは「公益」として、沖縄の民意など聞く必要はないと考える日本政府と、自己決定権がないがしろにされてきた沖縄の歴史を踏まえ、未来を切り拓こうとしている沖縄の覚悟に基づく行動が、激しくぶつかり合っているからだとみることができる。言い換えれば、日本の植民地主義と沖縄の自己決定権への主張が鋭く対立しているのだ。その象徴が、辺野古の問題と言うことができよう。

植民地主義とは、分かりやすく言えば、「国益」や「公益」の名の下で、特定の地域を道具のように扱うことだ。これに対し、沖縄が自己決定権を主張する背景には、「国益」や「公益」の名の下で、沖縄がずっと国の道具にされてきた歴史がある。

1879年に明治政府が軍隊や警察を伴って強行した暴力的併合（「琉球処分」）では、日本は沖縄を領土として組み込んだ。その発想には、沖縄を国防の「要塞」と位置付け、日本本土の防波堤にするとともに、国土拡張の犠牲にする考えがあった。約500年続いた琉球王国は消滅し、琉球人は土地と主権を奪われた。

1880年には、日本と清（中国）の間で琉球諸島を分割する条約に合意するに至った。調印こそされなかったが、日本が欧米列強並みの地位や中国市場から利益を得るという「国益」のために、琉球の宮古・八重山諸島を中国に差し出す内容だった。

1945年、アジア・太平洋戦争における沖縄戦で、沖縄は本土決戦に向けた時間稼ぎのために「捨て石」にされた。住民も陣地構築作業や戦闘に動員され、約12万人が犠牲になった。

1952年発効のサンフランシスコ講和条約では、日本の独立と引き替えに沖縄は米国の統治下に置かれ、反共防衛のための島「不沈空母」として軍事要塞化された。人権より軍事優先の〝無国籍状態〟に置かれた。

1972年の日米による沖縄返還協定では、沖縄の人々が望む「基地のない平和な島」は無視され、広大な米軍基地は残った。「日米同盟」という「国益」や「公益」の名の下、東アジアの「軍事の要」にされ、今日に至る。

日本は戦後の「独立」以降、一貫して日米同盟を「国益」・「公益」とし、「基地の島・沖縄」を米国への、いわば〝貢ぎ物〟にしてきたのだ。

✦自己決定権とは

そうした植民地主義からの脱却を目指す概念として、近年、沖縄で盛んに叫ばれるようになったのが、自己決定権である。

自己決定権とは一般的にいえば「自分の生き方や生活について自由に決定する権利」だ。個人の権利の側面もあるが、国際法である国際人権規約（社会権規約、自由権規約）で集団の人権としても定められている。この規約が国連で採択されたのは冷戦時代の１９６６年。社会主義諸国の人権の価値観を反映したのが社会権規約（Ａ規約）で、自由主義諸国のそれが自由権規約（Ｂ規約）だが、どちらも第１部第１条、要するに１丁目１番地に置かれている。つまり、イデオロギーに関係なく、人権の中で最も重要な権利として位置付けられている。

原文は「Ａｌｌ ｐｅｏｐｌｅｓ ｈａｖｅ ｔｈｅ ｒｉｇｈｔ ｏｆ ｓｅｌｆ‐ｄｅｔｅｒｍｉｎａｔｉｏｎ．」、日本語に訳すと「全ての人民は、自己決定権を有する」で、主語は「諸人民」、すなわち集団の権利だ。集団の自己決定権がないがしろにされると、その集団のメンバーである個々人の人権が侵害される恐れが極めて高いと考えられているので、人権の中で最も重視されている。

沖縄に例えて言えば、沖縄の人々＝集団は米軍基地の整理縮小や撤去などを求めて、それを「自己決定したい」と声を上げている。しかしそれが遅々として進まず、ないがしろにされている状態が続いているため、例えば、女性のレイプ事件など米軍絡みの事件・事故が相次ぎ、沖縄住民個々の人権が侵害されているといえる。

国際法学者の阿部浩己神奈川大学教授によると、この自己決定権は今や国際法の基本原則の一つとなっており、いかなる逸脱も許さない「強行規範」と捉える見解もある。

自己決定権は、二つの権利から構成される。一つは、自らの運命に関わる中央政府の意思決定過程に参加できる権利（内的自決権）である。もう一つは、それが著しく損なわれた場合、独立が主張できる権利（外的自決権）だ。

沖縄がいま、直面している名護市辺野古への新基地建設問題に即していえば、外交や防衛に関しては、国の「専権事項」とされているため、国はその立場を利用し建設を強行している。しかし、その基地建設自体が、沖縄住民の運命を大きく左右することだと、沖縄住民が認識しているため、その意思決定過程に、沖縄住民の民意を反映させよという主張が自己決定権の行使の訴えである。

✦「一民族一国家」の限界

これまで沖縄が訴えてきた自治権や、全国で叫ばれている地方分権論など、それらの枠組みや考え方ではなかなか突破口を見いだせない状態が沖縄では続いている。復帰論・反復帰論が「日本復帰の挫折」を問い、復帰後に自立論へと引き継がれていった過程は、沖縄の戦後から連なる社会運動、すなわち権利獲得闘争の歴史でもある。

運動や政治の場などで絶えず叫ばれてきた自治権獲得は、復帰後、この政府における「専権事項」の壁にぶち当たり、立ち往生を余儀なくされている。この壁を突破する概念として、国際法で最も尊い人権として定められた自己決定権に訴える段階まで沖縄は来ているのだ。

こうみると、沖縄の自己決定権の主張は、復帰運動から1970年前後の復帰論・反復帰論、その後の自立論、米軍基地を巡る自治権・人権闘争といった権利獲得闘争の延長線上、その一つの到達点として位置付けることができる。

ちなみに、日本で「自己決定権」はよく「民族自決権」と訳される。しかし原文の主語は、前述した「諸人民」（ｐｅｏｐｌｅｓ）であり、「民族」（ｎａｔｉｏｎ）や「少数民族」（ｅｔｈｎｉｃ ｇｒｏｕｐ）といった血のつながりや文化的同一性を想起させる、いわゆる「民族」ではない。その背景には、この権利が、帝国主義あるいは植民地主義的支配の下で従属状態に置かれていた人々を解放する、すなわち独立する権利と同義だった歴史がある。

阿部氏によると、その独立は一民族＝一国家という「民族国家」として理解されていた。つまり、自決の主体は民族（ｎａｔｉｏｎ）だった。民族自決という言葉は欧米列強による帝国・植民地主義への異議申し立てという時代背景があって用いられていた。しかし、そうして独立した諸国もまた国内の諸民族・諸集団に対して抑圧的な政策を遂行した。阿部氏はこう指摘する。

「自決権の重要性が国際法上明確にされる一方、既存の国家の分裂を許すことは国際秩序の根幹を揺るがすものとして崩せない。そこで、自決権は内的自決を原則とし、例外的な場合にのみ独立の可能性を残す、という規範内容になったのが現状だ。そして、国際社会では一民族＝一国家という考えがすっかり過去のものになり、自決権の主体についてもこれを『民族』（ｎａｔｉｏｎ）ではなく、『人民』（ｐｅｏｐｌｅ）として定位し、主観的・客観的な要素を通じてその存在を見極めるようになっている」

その上で、沖縄を含めた日本が一つの国家であり、民族としての基本権を有するという考えが当然のように打ち出されているという。「一民族＝一国家という民族自決権を支えていた認識の表出であり、その背後には『日本は単一民族』という深層意識も同時にうかがえる」と指摘している。

✦権利行使の方法

では、沖縄の人々は、果たして国際法でいう「集団の自己決定権」を行使する主体となり得るのか。国際法で規定する「人々」は、一義的な定義はない。しかし、エスニック・アイデンティティーや共通の歴史的伝統、文化的同質性、言語的一体性、領域的結び付きなどの客観的条件と、その集団の自己認識が重要とされている。

それに照らすと、沖縄の場合、客観的条件や自己認識で当てはまる要素が多くある。うちなーんちゅ（沖縄人）というアイデンティティー（自己認識）が強く、米軍基地集中という差別的状況、琉球王国という歴史的経験、固有性の強い伝統芸能や慣習、しまくとぅば（琉球諸語）という言語的一体性、琉球諸島という領域的結び付きもある。

この自己決定権の行使を巡って、沖縄では今、大きく分けて二つの考え方が存在する。一つは、この国際法を使って沖縄人あるいは琉球人は民族であることを主張し、自己決定の権利獲得を狙う方法である。琉球民族独立総合研究学会は主にこの立場に立っている。沖縄の人々を先住民族と認定している国連に訴えることも主眼に置いている。

もう一つは、いわゆるスコットランド方式で、社会契約説を基本にしている。具体的には「われわれは自己決定権を持っている」と権利宣言し、自主憲法を制定して住民投票を実施するなどして自己決定権を獲得していくやり方である。その際、「民族」は前面に出さずとも、出身地に関係なく沖縄に住んでいる人々が権利者（属地主義）との発想でも闘えるという考え方である。主に島袋純琉球大学教授が唱えている。

どちらも、メリット、デメリットがあるだろう。民族宣言方式は、「方言札」などで払しょくしてきた琉球諸語を守り奨励し、大切にすることで、沖縄の豊かな文化、民族性を取り戻すことにつながるだろう。権利宣言方式は、やまとんちゅ、うちなーんちゅなど出自に関係ない、幅広い連帯が狙えるだろう。

✦沖縄人は先住民族か

一方、沖縄人は先住民族であることを前提とした自己決定権の議論もある。

国連NGOの「琉球弧の先住民族会」は沖縄人／琉球人は先住民族であり、琉球併合（「琉球処分」）は国際法に照らせば「違法」だとして、先住民族としての権利を国連に訴えてきた。その結果、国連は2008年に琉球民族を先住民族と公式に認め、文化遺産や伝統生活様式を保護・促進するよう日本政府に勧告している。

その後も、09年にユネスコが沖縄固有の民族性を認め、歴史、文化、伝統、琉球語の保護を求めた。10年には人種差別撤廃委員会が「沖縄への米軍基地の不均衡な集中は現代的な形の人種差別だ」と認定、日本政府に対し、沖縄の人々の権利保護・促進や差別監視のために、沖縄の代表者と幅広く協議するよう勧告した。しかし、日本政府はこうした勧告を受け入れておらず、国連はその都度「懸念」

を表している。

先住民族とは、先住性、文化的独自性、自己認識、被支配といった基準で定められる集団のことで、国連は2007年、「先住民族の権利宣言」を採択し、先住民族は自己決定権を有し、その行使に際して自律および自治の権利があると明言した。世界の先住民族にとって自己決定権の内的自決権は、権利主張の重要な権利となっている。

国は先住民族に影響を与える可能性のある法律や行政措置を採択・実施する際は「自由な、事前の、情報に基づく合意(インフォームド・コンセント)を得るために、代表機関を通して」(同宣言)誠実に協議し、協力することが求められている。この規定で重要なのが、土地や領土、資源に関する権利だ。先住民族による自由な同意または要請がある場合を除いては、先住民族の土地または領域で軍事活動してはならないと明確に規定している。

規定では、国が軍事活動のために土地を使う場合は、先住民族と事前に政策決定への効果的参加や協議を義務付けている。これは国家権力の行使を制限し、説明責任を求め、少数者の声を尊重する機会を保障していることを意味する。

✦国連と異なる日本政府の歴史認識

従来は、その参加と協議は先住民族の同意を意味していなかった。しかし、「先住民族の権利宣言」は「自由な、事前の、情報に基づく同意を得る」と踏み込んだ。すなわち、先住民族の同意を得なければ、先住民族の土地で軍事活動をしてはならない。もし沖縄人/琉球人が先住民族ならば、その同意を得ないまま、土地を接収して米軍基地に使用している状態は「権利宣言」という国際条約に違反していることになる。

日本政府は沖縄の人々は先住民族と認めない公式見解を示してきた。国連と歴史認識が異なっているからだ。それは1879年の琉球併合（「琉球処分」）まで、琉球王国が独立王国として存在していたかどうかへの評価と深く関わっている。国連が規定する「先住民族」は、他者によって土地を奪われた、もともとその土地に住んでいた人々を指す。血統や言語といった人種や民族的同一性や違いも指標にはなるが、最も重要なポイントは、そこの土地はそもそも誰のものだったかという「土地の権利」だ。

国連が沖縄の人々を「先住民族」と認めたのは、①琉球王国が1850年代に米国、フランス、オランダと修好条約を結び、国際法上の主体＝主権国家として存在していた、②1879年に日本によって併合され沖縄県が設置された、③その後日本に支配され差別の対象とされた――主にこの3点を事実として認定したからだ。

一方、日本政府側は琉球王国が国際法上の主体としての独立国家だったかどうかについて「『琉球王国』をめぐる当時の状況が必ずしも明らかでなく、確定的なことを述べるのは困難」という判断を避ける見解を繰り返してきた。つまり公式には琉球王国の存在を確定的なものとして認めていない。

ただ、政府の見解にあるように日本の先住民族は「アイヌの人々以外にいない」ということであれば、少なくとも1879年以前、琉球人は存在せず、琉球王国の国民は日本人だったことになる。琉球王国の存在を認めた場合、先住民族論に最も重要な根拠を与えることもあり、判断を避けているとみられる。政府が沖縄の人々を先住民族と認めると、米軍基地問題など、これまでの沖縄政策で多くの「不正」を是正せざるを得なくなるからだろう。

✦植民地解消法

琉球民族独立総合研究学会は２０１３年5月15日に発足した。約１００人だった当初の会員は現在は３００人以上に増えている。20代前半〜80代までの多様な職業を持つ人々が、独立実現までの過程や経済、法制度、歴史などを扱う20のテーマに沿った部会ごとに研究を重ねている。米国やブラジルなど海外にも会員がいる。

沖縄の独立を目指す組織の活動がここまで活発化しているのは戦後かつてない動きだ。酒席でやまとへの不満を口にしながら沖縄の独立を語る「居酒屋独立論」はよく言われてきたが、新たに発足した学会は30〜50代の研究者を共同代表に擁して本格的に議論している。

学会が目指しているのは、自由、平等、平和などの理念を基にした「琉球連邦共和国」の創設で、主権回復によって沖縄を日米の植民地から解放することだ。奄美、沖縄、宮古、八重山の各諸島が州となり、対等な関係で琉球国に参加する。各島々と郷土のアイデンティティーが琉球人の土台であり、各地の自己決定権を重視する。琉球の首府だけでなく、各州が議会、政府、裁判所を持ち、憲法を制定、独自の法や税、社会保障の制度を確立し、その下に市町村を置く。

安全保障については「軍隊の存在は攻撃の標的になる」として非武装中立を保ち、東アジアの平和を生む国際機関の設置も目指す。

一方、日本本土側でも、沖縄の自己決定権を尊重しつつ、植民者である立場から自らを解放することを目指す運動が始まっている。それは、本土に沖縄の基地を引き取る運動で、大阪、福岡、新潟、長崎、東京の五カ所で会が発足している。この運動の発想は、米軍基地を置く根拠となっている日米安保条約には国民の大多数が賛成しているにもかかわらず、そのリスクをもたらす米軍基地を沖縄に集中させるのは差別であるというものだ。沖縄の歴史を踏まえ、植民者である日本人が、植民者・差別者の立場から解放されるには、ひとまず沖縄の基地を本土に引き取るべきだという考えである。

代表的提唱者である東京大学大学院の高橋哲哉教授は、沖縄側から発せられた米軍基地の「県外移設」主張に向き合い、沖縄の基地を引き取る運動に参加している。著書『沖縄の米軍基地―県外移設を考える』（集英社新書）で、こう記している。

「『日本人』は沖縄の米軍基地を『引き取る』べきである。政治的・軍事的・経済的などの力を行使して、沖縄を自己利益のために利用し、犠牲にしてきた歴史を断ち切るために。そして沖縄の人々と、差別する側される側の関係ではなく、平等な人間同士として関係を結び直すために」（同書「はじめに」）

✦ポジショナリティ

こうした運動を下支えしている概念が、差別者と被差別者が対等な関係になることを目指す「ポジショナリティ」である。この概念は一般的には、「ある社会集団や社会的属性がもたらす利害関係の政治的な位置性」という意味で使われているが、池田緑大妻女子大准教授はこう定義し直している。「自らが構成する集団にかかわる利害によって個人が負う政治的責任の様態を指す概念」（池田「ポ

ジショナリティ・ポリティクス序説」慶應義塾大学法学研究会『法學研究』ｖｏｌ89、№２）

基地を沖縄に集中させることによって得られる利益を本土日本人全員が享受している以上、その結果発生する沖縄の被害などの責任は本土日本人一人ひとりに存在するという考え方だ。本土日本人の中にも沖縄の基地に反対する人はいるが、そういう人でも、その利益を得ている以上、結果責任を逃れることはできない。池田はこう指摘する。

「ポジショナリティの問いかけは、差別解消や、女性解放や、基地問題の解決に対する、結果責任が問われているのであり、たとえその個人の意思に反してでも享受してしまっている利益の正当性への疑義が表明されているに過ぎない」（前掲書）

広島修道大学の野村浩也教授は、沖縄の米軍基地問題に対する日本人のポジショナリティについてこう述べている。

「日本人は、日本人であることをやめられない。その一方で、植民者であることならやめられるし、権力を手放すことだって可能だ。日本人であることをやめられないのは、それが日本人のアイデンティティだからである。一方、植民者であることならやめられるのは、それが日本人のアイデンティティではないからだ。このような現実から導き出されたのが、ポジショナリティという概念なのである。……ポジショナリティは、基本的に、アイデンティティとは関係がない。『相手が白人だから射つよりも、相手の白人の犯した行為の故に彼を射つ』とマルコムXが述べたのはそのためである。日本人は、彼／彼女自身が犯している植民地主義という行為のゆえに批判されるのであって、日本人であること自体が問題なのではない」（野村『無意識の植民地主義―日本人の米軍基地と沖縄人』御茶の水書房）

このポジショナリティの概念により、アイデンティティー概念ではすくえないような領域を問題化することができる。それは端的にいえば、集団間の利害関係や差別・被差別関係から派生する政治的責任だ。本書ではこの点について深い議論はできないが、日本人と沖縄人の関係を、歴史と現在の視点から捉える際には非常に重要な概念である。抑圧の歴史から現在までの沖縄への責任を、やまとんちゅは負わねばならないことを可視化する。

沖縄戦などへの戦争責任を問う議論は以前からあるが、こうしたポジショナリティや、植民地主義への責任を問う議論は、日本全体においては非常に弱い印象を受ける。そのこともあり、多くの本土日本人は沖縄の米軍基地問題に対する当事者意識を決定的に欠いている。

6、復帰45年、今日の沖縄

✦沖縄へのヘイト

筆者は2016年3月初旬、琉球新報東京支社に4月から赴任するため、部屋探しのために沖縄から上京した。交通の便など条件が良い物件を見つけ、すぐに入居を申し込んだが、翌日、不動産屋から電話があり、こう告げられた。「大家が『琉球新報には貸さない』と言っている」。その説明によると「大家は右寄り」だと言う。すぐに頭をよぎったのは沖縄の新聞2紙への報道圧力だ。自民党本部で開かれた自民党若手議員による勉強会で、国会議員から琉球新報と沖縄タイムスの報道への圧力を提起する発言があり、これに答える形で作家の百田尚樹氏が「沖縄2紙はつぶさないといけない」と発言した問題だ。

おそらく大家は圧力をかける側に共感したのだろうと思った。

近年、軍事基地に否定的な沖縄の人々がヘイトスピーチやヘイトクライムの標的にされている。米軍基地に批判的な琉球新報もその一つだ。2013年、沖縄から「建白書」を持って上京した県議会や市町村の代表者らは、街頭で「売国奴」などと罵声を浴びせられた。辺野古では、テント破壊なども起きている。書店には「国のために基地負担を我慢しろ」という趣旨の〝沖縄ヘイト本〟が並ぶ。「沖縄をまた本土防衛の道具にしたいのか」という思いさえ湧く。

沖縄への攻撃は、世界的に顕在化している排外主義や国家主義の台頭と同一の流れに映る。これまで潜在化していた沖縄への差別意識が吹き出し始めたとみることもできる。

米軍基地集中という従来の物理的差別に、排外主義や人種差別といった差別がプラスアルファで沖縄に襲いかかっている。二重の差別にさらされているのだ。

沖縄では反対運動をよそに、高江にヘリパッドが建設され、辺野古での新基地建設が強行されている。先島では自衛隊の配備が強化されつつある。政府の言う沖縄の「負担軽減」とは、内実をみると、最新鋭の兵器や軍艦に対応した、まさに基地の再開発であり、基地機能の強化だ。

沖縄の基地を返還する際は必ず「代替施設」を沖縄県内に新設することを条件にする。米軍普天間飛行場の「代替施設」とされる名護市辺野古の基地には、普天間飛行場にはない軍港施設や弾薬庫

米海兵隊・普天間飛行場に配備されたオスプレイ

が整備される。この軍港は最新鋭の強襲揚陸艦が着岸可能だ。

✦共犯関係

最新鋭軍用機のオスプレイは欠陥が指摘されている。県民の反対を押し切って普天間飛行場に強行配備された24機のうち、既に2機が墜落事故を起こした（２０１７年9月現在）。１回目は名護市で、２回目は豪州。オスプレイは伊江島補助飛行場のほか、沖縄本島内のオスプレイ対応のヘリパッド69カ所で激しい訓練を繰り返している。普天間から辺野古までの直線距離はわずか36キロだ。移したところで、沖縄本島・周辺離島の安全性は本当に高まるのだろうか。政府の「負担軽減」策には疑問が尽きない。負担軽減とは、普天間飛行場の無条件返還である。

むしろ、耐用年数が１００年、２００年の基地が辺野古に新設されると、沖縄は半永久的に「基地の島」にされる。平時においては事件・事故によって人権侵害、自然破壊にさらされ、有事においては標的あるいは防波堤にされ、命が奪われる。沖縄戦を忘れさせない、そんな状態が永続するのだ。遠い将来までも沖縄を国防の道具にする。それこそが植民地主義なのである。沖縄の民意を無視して強行している辺野古への新基地建設はまさにその象徴といえる。

「負担軽減」の内実は基地機能の強化であり、それに県民が怒りや恐怖を抱いているという〝本質〟を、本土の多くの政治家や主要メディアは広く国民に伝えたり、解決を図ったりはしない。むしろ黙殺したり、問題を矮小化したり、隠蔽したりしている。

高江のヘリパッド建設に反対する市民に機動隊員が発した「土人」発言を擁護する政治家がいたり、内閣は「土人」を差別表現ではないと閣議決定をしたりした。それらは植民地主義そのものだ。多くのメディアはそれに加担しているように映る。「沖縄は基地がないと食っていけない」と本気で信じている本土メディアの記者は、いまだにいる。

「沖縄振興予算3千億円を純増でもらっている」「基地反対運動に取り組んでいる市民は日当をもらっている」などのデマも公共の電波を使ってテレビから流れる始末だ。こうしたデマ、誤解、偏見を放置したり、むしろ補強したりすることで、多くの政治家やメディアは植民地主義と〝共犯関係〟にある。

✦安保観の隔たり

多くの政治家やメディアの態度に通底しているのは「日米関係」「日米同盟」至上主義だ。日本の安全保障を考える上で、それらが「国益」あるいは「公益」であるとの認識であるため、その視点に立つと、「日米関係を損なう」と思われる沖縄の基地反対運動は障害に映る。沖縄をヘイトの標的にする人々は、基地反対者に「国賊」「反日」「テロリスト」などとレッテルを貼り、国家への反逆者であるかのようなイメージを創り出している。

多くの本土メディアも、「日米同盟」至上主義は変わらないので、沖縄の基地反対運動の扱いは極めて冷たい。この傾向は、北朝鮮がミサイル実験をやればやるほど増幅する。「日本を守るために米軍基地は必要だ。沖縄を甘やかすな」という論調だ。このような言説が流布することで、日本人の植民者・差別者としてのポジショナリティは隠蔽され、多くの日本人が沖縄への責任から背を向ける結果を招いている。

安保のリスクや矛盾が集中する沖縄では、こうした本土日本人の冷たさが伝わってくる。「自分らは痛くもかゆくもない場所にいるので沖縄の痛みは分からない」「沖縄に押し付けておけば、これまで通り平和を享受できる」。本土日本人の多くは、そんなふうに思っているのだろうか。

ちなみに2016年4月に沖縄で起きた、元海兵隊員による女性暴行殺害事件を受けた琉球新報と沖縄テレビの世論調査では、日米安保条約は「平和友好条約に改めるべきだ」が最も多く、42%に上った。「破棄すべきだ」の19%が2番目に多かった。次も「多国間安保条約に改めるべきだ」の17%で、現在の日米安保条約を「維持すべきだ」はわずか12%しかない。

共同通信の全国世論調査などでは日米安保条約と日米同盟について、「維持」と「強化」の合計は8割を超える。

平和友好条約と安保条約の違いは、外国の軍隊を置くか置かないか。基地を押し付けられている沖縄では、現行安保をやめるよう8割の人が切望している。これに対し、本土は、沖縄に基地を集中させたまま、基地の維持・強化を9割近くが望んでいるのである。本土と沖縄とは安保への態度も、あまりにも対照的だ。

日本が日米安保を締結した際、沖縄は米国統治下にあり、意思決定には参加していない。にもかかわらず、安保のリスクという負の責任を負わされ続けている。これを植民地という表現以外で表すのは難しい。沖縄に基地を押し付け、その利益を享受している当事者である本土日本人の責任は重い。

✦沖縄と本土の溝

本土側からは沖縄の米軍基地問題はどう見えているのだろうか。東京で暮らしている経験から言えば、北朝鮮や中国の「脅威」を出発点に捉えるのか、それとも、沖縄の苦難の歴史の延長線上に位置付けるかで、見方は両極端だ。「脅威」から見ると「米軍基地は日本を守ってくれるのだから、沖縄はわがままを言うな」となる。歴史から捉えると「これ以上の負担はさせるべきではない」との見方になる。

ただ、本土の人々は総じて沖縄の歴史への認識が極めて弱い。沖縄戦は修学旅行で学んだ程度の人々が多く、米国統治下の戦後史においては、その苦難を知る人は極端に少なくなる。ここに本土と沖縄の大きな溝を生む原因がある。

北朝鮮や中国の「脅威」から見る意見にしても、沖縄の米軍基地の大半を占める在沖海兵隊が本当に抑止力になっているのか、有事の際に防衛能力として発揮されるのかなど、そもそもの基本的知識や議論が非常に乏しい。これも沖縄との溝を深めている原因だ。

こうした状況に、前述した沖縄への偏見・誤解・ヘイトがまん延しているのだから、事態は極めて深刻だ。沖縄に対する、日本の植民地主義が助長する環境が醸成されている。日本人の自己像を正当化するために、自分らの都合の良い沖縄像を一方的に創り上げるまなざしは、現代のオリエンタリズム的な様相を帯びている。それは「沖縄の人々が地元新聞2紙に操作されている」かのような蔑視観、つまり自分で判断する能力がない、あるいは、お金のために基地反対を叫んで「たかっている」という見方など、数多くの差別的言説に端的に表れている。

一方の日本政府や一部のメディアは、例えば米軍機事故が起きて原因究明前に飛行を強行しても米国批判はせずに追認し、「日米関係重視」の名の下で米国追従の論調を張っている。その論調は、権力側が発信している言説や態度が沖縄の民意を無視あるいは歪曲することを正当化する根拠を与え、結果的に、沖縄への偏見や誤解、ヘイトに〝お墨付き〟を与えている。このため大多数の国民がそれを信じ込んでいる。植民地主義の負のスパイラルが増幅している。

✦人、カネ、夢

「いったい沖縄で何が起きているのですか?」。多くの本土メディアが沖縄で起きていることの〝本質〟を伝えていないせいか、東京に赴任してから講演に招かれる機会が増えた。その際、沖縄の歴史をなるべく知った上で今の基地問題を捉えるよう必ず強調している。また、本土から沖縄を照らす視座を鍛えてほしいとの願いから、三つのキーワードを挙げている。「人、カネ、夢（ビジョン）」である。

「人」は人権意識・感覚を徹底的に磨くことである。その視点から沖縄の問題を捉えると、安全保障問題とは異なる「人権問題」あるいは「命」の問題が見えてくる。日本は先進諸国の中では人権後進国と見られている向きもある。いま一度、家庭や学校などで人権教育を徹底し、メディアも含めた社会全体で人権意識を向上させる中で、沖縄に目を向け、起きていることの深刻さを共感してほしい。

ヘイトの問題においても人権意識は重要だ。ヘイトスピーチやヘイトクライムはまずもって人を傷つける。ヘイトをする側だけの問題ではなく、それを放置している人々や社会も問題なのである。2060年に日本の人口は8千万人台まで減り、一層の超高齢化社会を迎える。日本の経済や社会サービスの水準を維持するには移民に頼るしかないとの議論もある。外国から移住してきた人々へのヘイトがあっては、誰も日本に来たがらない。その意味で、ヘイトは、子や孫たちが担う将来を足蹴にするような行為だともいえる。

「カネ」は主に国の防衛予算を指している。陸上自衛隊が米国からオスプレイ17機を約3500億円で買う計画があるが、オスプレイは1機80～100億円が相場といわれている。相場より2倍以上高い値段で買うのである。欠陥機と指摘されている機体にそれだけのお金を使うメリットはあるのだろうか。社会保障費の財源のめどが立たないからと消費税を8％にし、さらに10％に上げようかというさなかである。一方で、年間の防衛予算は5兆2千億円に達し、青天井だ。そこにメスを入れてきちんと検証する〝市民の目〟を培う必要がある。

今後、北朝鮮や中国の「脅威」から、高額なミサイルを米国から買うことも予想される。「抑止力」

の美名の下で軍拡競争に走るゆとりが、この国の財政に果たしてあるのかを問い、軍拡に歯止めを掛けるのも重要だ。外交力を高めることで補えないのかと。軍拡競争は敵対心を高め、紛争や戦争の要因となりやすい面もある。核開発にまっしぐらな北朝鮮を見ると、そもそも核の「抑止力」は機能しているのか、疑問だ。むしろ核に対抗するミサイルを持つのは、緊張や危機を高めないか。

「夢（ビジョン）」は、まさにその外交ビジョンのことである。日米関係も大事だろうが、一方でアジアと協調する枠組み作りも重要だ。安倍政権は事実上の中国包囲網であるＴＰＰ（環太平洋パートナーシップ協定）の締結に熱心だ。外交を見ても、中国・北朝鮮敵視政策に映るほど、関係は良くない。これまでの政権と比べて、かなり「日米関係重視」、実質は対米従属に偏重している感が否めない。

✦「平和」の担い手

近年、ＡＳＥＡＮの10カ国に、日本、中国、韓国を加えたＡＳＥＡＮ＋3を軸にした「東アジア経済圏」「東アジア共同体」構想が、提唱されてきた。人口は約20億人に達し、ＥＵの約4・4倍、経済規模ではＥＵを上回る。これが実現すれば、世界の経済・勢力の極が西から東へ移ると目される。

もし実現すれば、沖縄はその首府となり、これまでの「軍事の要石」から脱却できるとの議論がある。アジアの共生、物流などの経済、人、文化の交流という「平和の要石」としての役割を果たせるというのだ。軍事力を高めた「抑止力」による「平和」ではなく、対話や交流、外交によって築く「平和」の担い手だ。後者の「平和」を強めることで、東アジアで軍事力の役割を小さくする環境を作れれば、沖縄にある基地の必要性を低減できる。

そうなれば、軍事基地から派生する戦争への恐怖、日常の基地被害から沖縄の人々が解放されるだけでなく、現在、関係悪化が懸念されている日中韓の国民にとっても、EUのように、より平和で軍縮につながる良好関係を築くことができるだろう。そこに北朝鮮を、どう関わらせていくかという発想が重要だ。

移民排斥や人種差別、排外主義などは内向き志向が温床となっている。「自国ファースト」もそれらに結び付きやすい。他の国や他者との共生を描くビジョンや夢こそが、今、日本全体に一番必要ではないか。

沖縄では市民団体や懇話会などの間で、沖縄の将来像について、既存憲法の枠内で自治権拡大を目指す案や、道州制をにらんだ沖縄自治州のほか、連邦制案、国家連合案、独立論も議論されてきた（詳しくは拙著『沖縄の自己決定権』を参照してほしい）。どれにも共通しているのは、「アジアの平和を担う懸け橋役」を沖縄が担いたいという点だ。

沖縄県の沖縄振興指針「沖縄21世紀ビジョン」は、沖縄を「アジアの橋頭堡《きょうとうほ》」と位置付けている。振興基本方針も「沖縄はアジア・太平洋地域への玄関口として大きな潜在力を秘めており、日本に広がるフロンティアの一つとなっている」とうたい、潜在力を引き出すことが「日本再生の原動力になり得る」と強調する。沖縄はアジアの懸け橋となって、自身だけでなく日本やその他のアジア諸国の発展を担えるという。それは、復帰論・反復帰論が提起し、その後活発化した自立論が練り上げてきた方向性である。

日本は今、歴史教科書や靖国神社参拝問題、「従軍慰安婦」問題などの歴史認識問題や、尖閣や竹島などの問題で領土紛争の火種を抱えている。沖縄で対話や交流を促進できれば、沖縄だけでなく、日中・日韓をはじめ東アジア全体の平和構築にとっても有益だ。沖縄には島唄や三線、踊りなど豊かな芸能、他者の文化に寛容なチャンプルー（混合）文化もある。対話や交流の潜在的可能性に富む。

沖縄がアジア諸国を橋渡しするとすれば、まずは、さまざまな問題の解決の場を作るパフォーマーとしての自覚や気概を育む必要がある。沖縄はアジアだけでなく、米国を含めた世界諸国、人々の対話や交流の場になれる資格を持っている。それが本書で最も強調したい点である。

なぜなら、沖縄は、平和や平等、共生、民主主義などの普遍的価値と共鳴するアイデンティティーを培ってきたからだ。沖縄の近代史、戦後史にさかのぼり、先人たちが歩んできた、現在に連なる権利獲得闘争の連続性において、うちなーんちゅのアイデンティティーをひもといたのは、その資格を明らかにしたかったからでもある。

そのアイデンティティーに基づく主体性を発揮し、パフォーマーになるには自己決定権が鍵を握る。永きにわたって「軍事の要」にされ続けている沖縄が生き残り、繁栄を築いていくためには、自己決定権を確立・行使して、自らの未来を切り拓いていく以外に道はないのである。

戦後沖縄の「日本復帰」関連年表

1945	6・22	沖縄戦で日本軍の組織的戦闘終結
	8・15	日本、無条件降伏
1946	1・29	GHQ覚書により北緯30度線以南の南西諸島の行政区分離
	4・11	沖縄民政府（沖縄中央政府）発足
1947	5・3	日本国憲法施行
	9・20	「天皇の沖縄メッセージ」米国務省へ伝達
1949	5・6	トルーマン米大統領、沖縄基地の維持・強化策を進言した国家安全保障報告書を承認
1950	6・26	朝鮮戦争始まる
1951	3・18	社大、人民両党、それぞれの党大会で日本復帰運動の推進を決議
	3・19	沖縄群島会議、日本復帰要請を決議
	4・29	日本復帰促進期成会結成。有権者の72％の署名を6月までに集める
	8・28〜29	平良辰雄知事と群島議会、日米に日本復帰要請を打電
	9・8	サンフランシスコ講和条約・日米安保条約調印
1952	4・1	琉球政府発足
	4・28	サンフランシスコ講和条約・日米安保条約発効

	11・1	米民政府、軍用地の賃貸契約方法、期間、地料を定めた布令91号「契約権」を公布 軍用地問題表面化
1953	4・3	米民政府、新たに必要とする布令109号「土地収用令」を公布
	7・15	伊江島土地闘争始まる
	12・25	奄美群島返還
1954	1・7	アイゼンハワー米大統領、一般教書で沖縄の無期限保有を宣言
	3・17	米民政府「地代一括払い」方針発表
	4・30	琉球立法院、「軍用地処理に関する請願」（土地を守る四原則）を全会一致で可決
	10・6	人民党事件、瀬長亀次郎氏ら逮捕
1955	1・13	朝日新聞、特集記事「米軍の『沖縄民政』を衝く」を掲載（朝日報道）
	1・17	アイゼンハワー米大統領、沖縄の無期限保有を再確認
	3・4	立法院、「一括払い反対」決議。土地を守る四原則を全会一致で確認
	5・23	軍用地問題交渉のため琉球政府代表渡米
	9・3	石川市で「由美子ちゃん事件」発生
	10・23	M・プライスを委員長とする調査団が沖縄訪問
1956	1・16	アイゼンハワー米大統領、みたび沖縄の無期限保有を強調
	6・5	プライス調査団、報告の骨子を発表
	6・14	立法院、行政府、市町村会、軍用土地連合会の四者協議会「プライス勧告阻止・領土権死守・鉄の団結」などを決議、総辞職の決意表明を申し合わせる

1956	6・20	軍用地四原則貫徹住民大会。「島ぐるみ土地闘争」始まる
	6・28	米民政府、土地問題で琉球政府当局が総辞職すれば直接統治も辞せずと宣言
	7・28	四原則貫徹県民大会。10万人余が参加
	8・8	沖縄本島中部全域へ米軍オフリミッツ
	12・25	瀬長亀次郎人民党書記長、那覇市長に当選
	12・28	米民政府、瀬長氏当選の報復措置として那覇市への資金凍結
1957	6・5	高等弁務官制実施
	6・21	岸・アイゼンハワー共同声明発表
1958	4・18	ナイキ基地完成
	9・11	藤山・ダレス会談で安保条約の改定に合意
1959	1・12	「地料一括払い」廃止
	6・30	石川市（現うるま市）宮森小学校に米軍ジェット機が墜落、死者17人
1960	4・28	沖縄県祖国復帰協議会（復帰協）結成
	5・6	米下院、沖縄のミサイルメースB基地建設を承認、立法院は10日に建設反対を決議
	6・19	アイゼンハワー米大統領、沖縄訪問
	6・20	国会、新安保条約を強行採決
1961	1・19	ケネディ米大統領、一般教書演説で「極東の緊張が続く限り、沖縄の基地と施政権を保有する」と確認
	4・21	立法院、日本国会への参加要請を決議

1961	12・7	沖縄本島具志川村（現うるま市）の民家に米軍ジェット機墜落。２人死亡
1962	1・18	ケネディ米大統領、再び沖縄の施政権保持を宣言
	2・1	立法院、国連の植民地解放宣言を引用し、復帰要請を全会一致で決議（2・1決意）
	3・19	ケネディ米大統領、「沖縄は日本の一部」と声明
	3・10	キューバ危機
	12・20	嘉手納、屋良で米軍輸送機墜落。７人死亡
1963	3・5	キャラウェイ高等弁務官、金門クラブで「沖縄の自治は神話」とスピーチ キャラウェイによる「直接統治」強まる（キャラウェイ旋風）
	4・28	祖国復帰県民総決起大会に２万数千人参加。27度線で初の海上大会
1964	6・10	立法院、主席公選・自治権拡大要請を決議
	6・26	主席公選、自治権獲得県民大会。約４万人が参加
1965	1・13	佐藤・ジョンソン共同声明で日米両国は沖縄の基地が極東の安全に重要と確認
	2・7	米国、北ベトナム爆撃（北爆）開始
	4・9	在沖米軍のベトナム紛争介入抗議県民大会
	4・28	戦後最大の復帰県民大会を開催
	6・11	読谷村で米軍トレーラーが空から落下、小学生が死亡
	7・28	Ｂ52米爆撃機が台風避難を口実に、グアムから嘉手納に飛来、ベトナムへ
	7・30	立法院、ベトナム戦争について「戦争行為の即時取りやめに関する要請決議」を全会一致で採択

	8・16	森総務長官、沖縄の教育権分離返還構想を提起
	8・19	佐藤栄作首相、沖縄訪問。「沖縄の復帰なくして日本の戦後は終わらない」と発言
1966	11・9	ジョンソン駐日米大使、教育権返還は困難と表明
1967	1・19	佐藤首相、教育権返還を否定
	2・1	下田外務次官、沖縄の「核付き返還」を提起
	2・3	アンガー高等弁務官、「基地の保持は復帰を妨げない」と声明
	2・24	「教公二法」阻止闘争。教職員の反対で実質廃案
	3・21	B52が沖縄に飛来
	3・28	復帰協、安保廃棄、核基地撤去、米軍基地反対の運動方針を決定
1968	2・1	アンガー高等弁務官、立法院で主席公選実施を発表
	2・5	B52が再飛来、その後駐留する
	10・9	日米、沖縄の国政参加で合意
	11・10	初の行政主席公選選挙で屋良朝苗氏当選
	11・19	嘉手納基地でB52墜落事故
1969	1・24	2・4ゼネストへ向けて総決起大会
	2・4	2・4ゼネスト中止
	3・22	復帰協、基地撤去方針を決定
	7・18	ウォール・ストリート・ジャーナルが「沖縄基地でVX神経ガスのガス漏れ事故発生」と報道、米国防総省はこれを認める

1970	11・21	佐藤・ニクソン会談で、沖縄の72年返還合意
	12・4	米軍、基地従業員2400人の大量解雇を通告
	1・14	チャップマン米海兵隊司令官、沖縄の海兵隊基地は半永久的に維持すると語る
	6・8	屋良主席、施政方針演説で安保反対を表明
	6・22	安保廃棄・基地撤去要求県民総決起大会
	6・30	沖縄米空軍、核ミサイル・メースB撤去完了と発表
	11・15	国政参加選挙
	12・20	コザ騒動。米人車両80台以上を焼き打ち
1971	1・13	毒ガス移送始まる
	1・20	チャップマン米海兵隊最高司令官、「沖縄基地は復帰後も自由使用」と言明
	5・19	ゼネスト決行、10万人参加。屋良主席、沖縄返還協定調印式への出席辞退
	6・17	沖縄返還協定、日米で同時調印。全国約300カ所で十数万人が参加し反対行動。逮捕者850人
	11・17	屋良主席、「復帰措置に関する建議書」（屋良建議書）を携えて上京
1972	1・8	佐藤・ニクソン会談で沖縄返還を5月15日に決定
	4・17	日本政府、国防会議で沖縄への自衛隊配備を正式決定
	5・15	沖縄返還。返還記念式典の一方で、沖縄処分抗議県民総決起大会も開かれる
		屋良朝苗氏、初代県知事に就任
		通貨交換、ドルから円へ
	6・25	知事選・県議会議員選挙。知事に屋良朝苗氏当選

1973	1・11	ニクソン大統領、北ベトナムへの戦闘全面停止命令
	1・27	ベトナム戦争終結のための和平協定調印
1975	7・20	沖縄国際海洋博覧会が始まる
1976	6・25	平良幸市氏、県知事に就任
1978	7・30	車は右側から左側へ、交通方法変更
	12・13	西銘順治氏、県知事に就任
1990	8・23	第1回世界のウチナーンチュ大会開催
	12・10	大田昌秀氏、県知事に就任
1992	11・2	首里城正殿などが復元され、首里城公園が開園
1995	6・23	「平和の礎」を建設
	9・4	米海兵隊ら3人による少女乱暴事件が発生
	10・21	少女乱暴事件に抗議する県民大会に主催者発表で8万5千人が結集
	12・7	国が代理署名訴訟を提起。大田知事を訴える
1996	4・12	日米が普天間飛行場の返還に合意
	9・8	基地の整理・縮小と地位協定の見直しの賛否を問う県民投票を実施。89%が賛成
1998	12・10	稲嶺恵一氏、県知事に就任
2000	7・21	九州・沖縄サミット開催
2003	5・16	日本・太平洋諸島フォーラム首脳会議（通称：太平洋・島サミット）が初めて沖縄で開かれる

2004	8・13	沖縄国際大学に米軍ヘリが墜落
2006	12・10	仲井真弘多氏、県知事に就任
2007	9・29	教科書検定意見撤回を求める県民大会に約11万人（主催者発表）が参加
2012	9・9	オスプレイ配備に反対する県民大会に約10万人が参加
	9・11	日本が尖閣諸島国有化
2013	12・27	仲井真弘多知事が米軍普天間飛行場の名護市辺野古移設に向けた埋め立てを承認
2014	12・10	翁長雄志氏、県知事に就任
2015	12・25	翁長知事、米軍普天間飛行場の辺野古移設に伴う埋め立て承認取消処分の効力執行停止決定の取り消しを求めて国土交通相を提訴
2016	4・28	元海兵隊員がうるま市の女性を強姦して殺害、遺体を遺棄する事件が発生
	12・13	米軍普天間飛行場所属のオスプレイが名護市安部沿岸で墜落
2017	8・5	米軍普天間飛行場所属のオスプレイが豪州で墜落
	10・11	米軍普天間飛行場所属のヘリが東村高江に不時着して炎上

【参考文献】——編著者名50音順

【あ行】

▽新川明『新南島風土記』大阪書房、「本土と沖縄―平和意識の基礎」『世界』No.408、「『非国民』の思想と論理」谷川健一編『沖縄の思想』木耳社、「沖縄民衆史への試み」『「異族」と天皇の国家』二月社、『反国家の兇区』現代評論社
▽新川明・新崎盛暉「対談沖縄にとって〈復帰〉とは何だったか」『世界』475号
▽新崎盛暉「沖縄闘争―その歴史と展望」『情況』情況出版、「復帰運動とその周辺」『世界』275号、「反復帰論」1989年3月7日付夕刊『沖縄タイムス』、本土戦後史における沖縄認識」日本平和学会編『沖縄―平和と自立の展望』早稲田大学出版部、『戦後沖縄史』日本評論社、「沖縄返還論の現実と運動の原理」『世界』264号、『基地のない世界を―戦後50年と日米安保』凱風社、「思想としての沖縄」『現代の眼』、「沖縄は反安保の砦」『現代の眼』、『沖縄・世替わりの渦の中で』毎日新聞社、新崎他編『沖縄自立への挑戦』社会思想社
▽池田緑「ポジショナリティ・ポリティクス序説」慶應義塾大学法学研究会『法學研究』vol89、No.2
▽石原昌家「沖縄戦の全体像解明に関する研究Ⅰ、Ⅱ」沖縄国際大学『文学部紀要』、「収容所からの出発」『浦添市史第七巻資料編6』浦添市、「沖縄戦―民衆の眼差しから」『世界』475号、「戦後沖縄の土地闘争」沖縄国際大学『文学部紀要』1―1、「沖縄人出稼ぎ移住者の生活史とアイデンティ

ティの確立」沖縄国際大学『文学部紀要』10―1、「戦後沖縄の土地闘争」沖縄国際大学『文学部紀要』1―1
▽稲嶺恵一「国際交流と地域経済」『国際交流を考えるシンポジウム』沖縄県
▽伊波普猷「進化論より見たる沖縄の廃藩置県」『伊波普猷全集　第一巻』平凡社、伊波普猷物外忌記念講座『伊波普猷と近代の言論人』
▽井端正幸論文「サンフランシスコ体制と沖縄―基地問題の原点を考える」
▽いれいたかし『沖縄人にとっての戦後』朝日新聞社
▽E・サイード、板垣雄三他訳『オリエンタリズム』平凡社、杉田英明訳「アイデンティティ・否定・暴力」『みすず』341号
▽E・バリバール、松葉祥一訳「市民主体」『批評空間』Ⅱ―6、阿部文彦訳「市民権の新しい姿」『現代思想』23（12）、若森章孝他訳『人種・国民・階級―揺らぐアイデンティティー』大村書店、大西雅一郎訳「『ネオ・ラシズム』は存在するのか」『現代思想』21（9）青土社
▽E・ルナン、鵜飼哲訳「国民とは何か?」『批評空間』9号
▽E・ホブスバウム、前川啓治他訳『創られた伝統』紀伊国屋書店
▽大城立裕「沖縄自立の思想」『現代の眼』、「沖縄問題と人権」『新沖縄文学』15号、「沖縄で日本人になること―こころの自伝風に」谷川健一編『わが沖縄』第一巻・木耳社、『同化と異化のはざまで』潮出版社、『内なる沖縄―その心と文化』読売新聞社、『ハーフタイム沖縄』ニライ社、『沖縄、晴れた日に』家の光協会、『休息のエネルギー』人間選書、大城・大野明男「対談　創造力の回復

としての復帰」『現代の眼』
▽大城将保「沖縄―歴史と文学―同化志向から自立志向へ―」『歴史学研究』No.457、「戦時下の沖縄県政」沖縄県沖縄史料編集所『沖縄史料編集所紀要』第2号
▽大田昌秀『沖縄崩壊―「沖縄の心」の変容』ひるぎ社、『沖縄人とは何か』グリーンライフ、『沖縄の民衆意識』弘文堂、大田他座談会『世界』、『醜い日本人』サイマル出版、「沖縄と日本国憲法―『平和憲法』下への復帰は幻想か」『世界』、「沖縄に参政権を与えよ」『世界』、『拒絶する沖縄』サイマル出版、『沖縄のこころ』岩波新書
▽大野光明『沖縄闘争の時代1960／70』人文書院
▽岡本恵徳『現代沖縄の文学と思想』沖縄タイムス社
▽沖縄開発庁沖縄総合事務局『沖縄における東南アジア諸国との情報交流基礎調査報告書』
▽沖縄県『第三次沖縄振興開発計画の案』、知事公室国際交流課『国際交流関連業務概要』、『平成8年度重点施策』、『国際交流を考えるシンポジウム』、『沖縄振興開発計画県事業計画（昭和49年～昭和51年度）』、『第2次沖縄振興開発計画総点検報告書―沖縄振興開発の現状と課題』、『第2次沖縄振興開発計画書』、『第2次沖縄振興開発計画総点検報告書』、『「平和の礎」建設基本計画書』、『基地返還アクションプログラム（素案）』、企画調整室『振興開発に関する資料』、知事公室『自立への新たな胎動』、『沖縄県史Ⅰ通史』
▽沖縄県祖国復帰協議会『沖縄県祖国復帰運動史』沖縄時事出版社、沖縄県祖国復帰闘争史編纂委員会『沖縄県祖国復帰闘争史　資料編』沖縄時事出版社

▽沖縄タイムス社「特集　反復帰論」『新沖縄文学』18・19号、「特集沖縄にこだわる―独立論の系譜」同53号、『沖縄と70年代―その思想的分析と展望』
▽沖縄労働経済研究所『復帰10年目の開発課題と展望』
▽小熊英二『単一民族神話の起源―〈日本人〉の自画像の系譜』新曜社
▽小倉利丸「『日本』的権力批判とフーコーの方法」『インパクション』53号
▽親泊寛信「日本軍のウチナーンチュ虐殺」『新沖縄文学』54号

【か行】

▽G・スピバック、鈴木聡他訳『文化としての他者』紀伊国屋書店、清水和子他訳『ポスト植民地主義の思想』彩流社
▽嘉数啓「沖縄経済自立への道」『新沖縄文学』56号、「国際交流の現状と課題」同72号
▽鹿野政直『戦後沖縄の思想像』朝日新聞社、「周辺から　沖縄」歴史学研究会編『国民国家を問う』青木書店
▽我部政明「国際交流にみる差別と偏見」『新沖縄文学』72号、論文「沖縄占領と東アジア国際政治」、同「占領初期の沖縄における政軍関係」、同「戦後沖縄の政治」『日米関係のなかの沖縄』三一書房
▽我部政男『近代日本と沖縄』三一書房、『沖縄史科学の方法―近代日本の指標と周辺』新泉社
▽川村邦光『幻視する近代空間』青弓社
▽川満信一『沖縄・根からの問い―共生への渇望』泰流社、『沖縄・自立と共生の思想』海風社
▽姜尚中「『日本的オリエンタリズム』の現在―『国際化』に潜む歪み」『世界、「東洋の発見とオリ

エンタリズム」『現代思想』青土社、『オリエンタリズムの彼方へ』岩波書店
▽儀間進「沖縄と本土との断絶感」『新沖縄文学』14号
▽儀間園子「明治30年代の風俗改良運動について」『史海』No.2、「明治期の沖縄教育界―本土出身教師と沖縄出身教師」『史海』No.1
▽金城正篤他「『沖縄歴史』研究の現状と問題点」新里恵二編『沖縄文化論集第一巻歴史編』平凡社
▽久場政彦「なぜ『沖縄方式』か」『中央公論』、「復帰=国政参加と沖縄」『中央公論』
▽『国際法外交雑誌』54巻1―3合併号「特集　沖縄の地位」
▽国場幸太郎「沖縄の日本復帰運動と革新政党―民族意識形成の問題に寄せて」『思想』452号
▽米須興文「文化的視点からの日本復帰」谷川健一編『わが沖縄』第六巻・木耳社、『ピロメラのうた―情報化時代における沖縄のアイデンティティ』沖縄タイムス社

【さ行】

▽酒井直樹「ナショナリティと母（国）語の政治」酒井他編『ナショナリティの脱構築』柏書房、「他者性と文化―序にかえて」『思想の科学』No.125、「種的同一性と文化的差異―主体と基体をめぐって」『批評空間』II―4、「種的同一性と文化的差異―主体と基体をめぐって②」『批評空間』II―6、『死産される日本語・日本人』新曜社、「文化的差異の分析論と日本という内部性」『情況』、「天皇制と近代」日本史研究会編『日本史研究』361、「近代の批判:中絶した投企―ポストモダンの諸問題」『現代思想』臨時増刊号、「現代保守主義と知識人―『西洋への回帰』と人種主義をめぐって」『岩波講座現代思想5』岩波書店、「日本社会科学方法序説―日本思想という問題」『岩波講座社会科学の方

法3巻』岩波書店、「『東洋』の自立と大東亜共栄圏」『情況』
▽崎山政毅「文体に抗する『文体』―サバルタン研究の批判的再考のための覚書」『思想』866号
▽島尾敏雄「ヤポネシアと琉球弧」『沖縄文学全集第18巻』国書刊行会
▽霜多正次「沖縄と民族意識の問題」『文学』岩波書店
▽下地清順「心情的な返還ではなくあるべき日本に帰る」『新沖縄文学』14号
▽進藤榮一『分割された領土―もうひとつの戦後史』岩波書店、『敗戦の逆説』筑摩書房、『戦後の原像』岩波書店、進藤榮一・木村朗共編『沖縄自立と東アジア共同体』花伝社
▽関広延『沖縄人の幻想』三一書房
▽関本照夫他編『国民文化が生まれる時』リブロポート
▽徐京植「文化ということ」『思想』859号
【た行】
▽平良好利『戦後沖縄と米軍基地』法政大学出版局
▽D・マクドネル、里麻静夫訳『ディスクールの理論』新曜社
▽平恒次「沖縄経済の基本的不均衡と自立の困難」『新沖縄文学』56号、『日本国改造試論』講談社、「人間、国家、ナショナリズム」『中央公論』、「『琉球人』は訴える」『中央公論』
▽高桑史子「民族学からみた沖縄研究の概観とその展望」『南島史学』第11号
▽高嶋伸欣「皇民化教育と沖縄戦」藤原彰『沖縄戦と天皇制』立風書房
▽高橋哲哉『記憶のエチカ―戦争・哲学・アウシュヴィッツ』岩波書店、『沖縄の米軍基地―県外移

設を考える』集英社新書
▽高良倉吉「思想としての近代史像――『近代沖縄の歴史と民衆』に寄せて」『沖縄歴史論序説』、「『日琉同祖論』のねらい（向象賢）」『沖縄歴史物語』ひるぎ社
▽滝沢秀樹「怨と恨」『歴史学研究』574号
▽伊藤成彦他編『グラムシと現代』御茶の水書房
▽田中克彦『ことばと国家』岩波新書
▽谷川健一『わが沖縄方言論争』木耳社
▽知念ウシ『シランフーナーの暴力』未来社
▽辻内鏡人「脱『人種』言説のアポリア・エッセンシャリズムとポストコロニアルの相剋」『思想』№854
▽渡名喜明「沖縄論の展開」『復帰20年記念沖縄研究国際シンポジウム――沖縄文化の源流を探る』文化印刷、「日本『本土』と沖縄の〈差異〉はどう解釈されたか」琉球大学教養部『復帰20年・沖縄の政治・社会変動と文化変容』
▽富永茂樹「後悔と近代世界」作田啓一他編『自尊と懐疑』筑摩書房
▽冨山一郎『近代日本社会と「沖縄人」』日本経済評論社、「ナショナリズム・モダニズム・コロニアリズム――沖縄からの視点」駒井洋監修『日本社会と移民』明石書店、「忘却の共同体と戦場の記憶――『日本人』になるということ」日本寄せ場学会『寄せ場』6号、「戦場動員と戦場体験――沖縄戦の諸相」日本史研究会編『日本史研究』355号、「国民の誕生と『日本人種』」『思想』845号、「ミ

クロネシアの『日本人』―沖縄からの南洋移民をめぐって」『歴史評論』№513号、「記憶の政治学」日本アジア・アフリカ作家会議『aala』95号、「戦場の記憶」『現代思想』23（2）、「戦場動員」『脈』44号、『戦場の記憶』日本経済評論社、「歌うこと、記憶すること、想起すること」『インパクション』、「対抗と遡行」『思想』866号、「レイシズムとレイプ」インパクト出版会『インパクション』

▽富山和夫「復帰の思想的系譜―同化論から反復帰論へ」国立国会図書館『沖縄復帰の基本問題―昭和45年度沖縄調査報告』

▽豊下楢彦『安保条約の成立―吉田外交と天皇外交』岩波新書、『昭和天皇・マッカーサー会見』岩波現代文庫

【な行】

▽永井俊哉「フーコーにおける権力の弁証法」『思想と現代』35号 白石書店

▽仲宗根勇『沖縄少数派』三一書房、「日本国家による異族平定作業の裡に胎動する〝沖縄自立〟論」『現代の眼』

▽仲地博「自治の変容と課題」琉球大学教養学部『復帰20年・沖縄の政治・社会変動と文化変容』、「沖縄自立構想の系譜」『自治基本条例の比較的・理論的・実践的総合研究報告書№5』

▽仲地哲夫「沖縄における天皇制イデオロギーの形成・上・中・下」沖縄国際大学南島研究所『南島文化』8号

▽中野好夫編『戦後沖縄資料』日本評論社、中野・新崎盛暉『沖縄問題二十年』岩波新書、同『沖縄・

70年前後』岩波新書
▽名嘉真三成「近代化と標準語教育―沖縄の場合」『国文学解釈と鑑賞』54（7）
▽仲吉良光『沖縄祖国復帰運動記』沖縄タイムス社
▽那覇市『那覇市史　資料編2巻中の3』
▽西里喜行「祖国復帰運動史の総括と教訓―沖縄における70年代闘争の展望のために」『歴史評論』第238号、「沖縄近現代史研究の現状と課題」『論集　沖縄近代史―沖縄差別とは何か』沖縄学事出版
▽西原文雄「昭和十年代の沖縄における文化統制」沖縄県沖縄史料編集所『沖縄史料編集所紀要』創刊号
▽西原森茂「沖縄の復帰運動についての一視点」沖縄国際大学南島文化研究所『南島文化』5号、「復帰運動の変容と評価」沖縄国際大学南島文化研究所『シンポジウム、復帰―その評価をめぐって』
▽日本国際政治学会編『沖縄返還交渉の政治過程』有斐閣
▽野村浩也『無意識の植民地主義―日本人の米軍基地と沖縄人』御茶の水書房、「同化と異化」沖縄関係学研究会『沖縄関係学研究会論集』第2号、「沖縄人のエスニシティにおける二つの側面」『日本解放社会学会大会』
▽野村正起「沖縄県民を殺した日本軍将兵」『現代の眼』現代評論社
【は行】
▽鳩山友紀夫『脱大日本主義』平凡社新書

▽浜本満「文化相対主義の代価」『思想』No.627
▽林博史「『集団自決』の再検討—沖縄戦の中のもうひとつの住民像」『歴史評論』No.501
▽比嘉春潮「屈辱の歴史からの脱却」『世界』265号
▽比嘉幹郎「沖縄自治州構想論」『中央公論』、『沖縄—政治と政党』中公新書、「沖縄の復帰運動」『国際政治』52有斐閣
▽比嘉良彦「沖縄自立論序説—復帰論、反復帰論の変遷と自立論」『インパクション』17号
▽比屋根照夫『自由民権思想と沖縄』研文出版、比屋根他「土地闘争の意義」『国際政治』有斐閣、『近代沖縄の精神史』社会評論社、「復帰思想の形成—〝島ぐるみ土地闘争〟を中心に」琉球大学教養部『復帰20年・沖縄の政治・社会変動と文化変容』
▽深沢徹『オリエンタリズム幻想の中の沖縄』海風社
▽福井治弘「沖縄返還交渉—日本政府における決定過程」『国際政治』52有斐閣
▽F・ファノン、海老坂武他訳『黒い皮膚・白い仮面』みすず書房、鈴木道彦他訳『地に呪われたる者』みすず書房
▽B・アンダーソン、白石隆他訳『想像の共同体』リブロポート
▽外間守善「沖縄の主体性」『新沖縄文学』臨時増刊号、「沖縄における言語教育の歴史」『日本語の世界9』中央公論社
▽H・ハルトゥーニアン、横山貞子訳「文化的同一性、歴史的差異、政治的実践」『思想の科学』No.125

【ま行】
▽真栄城守定「経済自立化―その回路と態度」『新沖縄文学』56号
▽ましこひでのり「おきなわの地名・人名・のうつりかわりにみる社会変動論のこころみ」『史海』７号、「同化装置としての『国語』―近代琉球文化圏の標準語浸透における準拠集団変動・知識人・教育システム」『教育社会学研究第48集』、「ことばの政治性と近代化」『東京大学教育学部紀要』第29巻
▽三木健『ヤポネシア文化論』海風社、『沖縄脱和の時代』ニライ社、『沖縄返還交渉史』日本経済評論社
▽Ｍ・フーコー、中村雄二郎訳『監獄の誕生―監視と処罰』新潮社、中村訳『言語表現の秩序』河出書房、田村俶訳『狂気の歴史』新潮社
▽宮城弘岩『「沖縄発」の時代』沖縄出版
▽宮里政玄「米民政府の沖縄統治政策―１９６４年〜１９６９年」『国際政治』52有斐閣、『日米関係と沖縄　１９４５―１９７２』岩波書店、『アメリカの沖縄政策』ニライ社、『アメリカは何故、沖縄を日本から切り離したか』沖縄市、『アメリカの沖縄統治』岩波書店、宮里編『戦後沖縄の政治と法』東京大学出版会
【や行】
▽安田浩「近代日本における『民族』観念の形成―国民・臣民・民族」『思想と現代』№31
▽山崎カヌル「民族問題の再検討のために」『インパクション』
▽由井晶子「沖縄、女たちの決起と国際連帯の試み」『情況』

▽尹健次「異質との共存―民族的自覚へのひとつの回路」『思想』750、『民族幻想の蹉跌』岩波書店、「孤絶の歴史意識―『昭和』の終焉とアジア」『思想』786号、「植民地日本人の精神構造―『帝国意識』とは何か」『思想』778号
▽吉川公一郎編著『沖縄・本土復帰の幻想』三一書房
▽吉川博也『21世紀沖縄の企業産業戦略―大交易時代の再来を』サザンプレス
▽吉田健正『「軍事植民地」沖縄』高文研

【ら行】

▽R・レイン、阪本健二他訳『ひき裂かれた自己』みすず書房
▽琉球新報社・新垣毅編著『沖縄の自己決定権―その歴史的根拠と近未来の展望』高文研
▽歴史学研究会編『国民国家を問う』青木書店

あとがき

一度は沖縄県外に出て暮らしたいという夢を実現したのは23歳、東京の大学院に合格した時だった。大学院の同僚に「沖縄出身」と自己紹介すると、うらやましがられた。当時は安室奈美恵やスピードら沖縄出身の芸能人が華々しく活躍していたからだ。

一方で同じ大学院生の一人からは、こんな質問もされた。

「沖縄の人はゴキブリを食べているの？」

感じるところ、悪意はない。率直に質問しているのだ。つまり、沖縄の知識を持ち合わせていない、社会学を学ぶ大学院生がいたのだ。少しショックだったが、あまり気にせず、「そんなことないよ」と丁寧に説明した。対面的人間関係で悪意ある差別はなくなったと信じ込んでいたからだ。

だが、沖縄のことを強烈に感じ、差別を深く考えざるを得ない事件が起きた。１９９５年9月の米海兵隊員ら3人による少女乱暴事件である。沖縄のメディアだけでなく在京メディアも事件を大きく取り上げ、「沖縄の怒り」を報じた。沖縄県外出身の同僚から沖縄の現状や「怒り」についてよく質問されたが、なかなかうまく説明できない。日米安保などの知識を勉強したところで、自身のうちなーんちゅ意識から湧き出る「怒り」や「悲しみ」を表現できなかった。そんな自分に気づいたのである。

当時、学んでいた、英国発祥のカルチュアル・スタディーズ（文化研究）からポストコロニアリズムに移行し、沖縄の問題を対象に修士論文を書くことを決意した。両者ともに記号論や言説（ディスコース）理論をベースにしていたので、移行しやすかった。

ただ、沖縄のアイデンティティーの問題に取り組む学生生活の日々は正直、つらかった。言葉が見つからないのである。どんな学問の概念からも、うちなーんちゅ意識や心情はあふれ出てしまう、そんな内面のもやもやに言葉を与えてくれたのが、復帰論や反復帰論を唱えた識者たちである。彼らの言葉は、私が沖縄のことを書く表現者＝新聞記者になることへ背中を押してくれた。

あれから21年――。東京の情景は明らかに変わった。

学生時代に住んでいた頃には聞かなかった罵声が耳に飛び込む。「ゴキブリども殺すぞ」「国賊め」「朝鮮へ帰れ」「沖縄へ帰れ」――。街頭で聞く度に絶望感にさいなまれる。

部屋貸しを断られることから始まる。テレビ放送の公共の電波で基地建設現場で座り込む沖縄のおじいやおばあがあざ笑われたり、政治家たちが沖縄への差別的表現を使い、またその表現を容認したり……。今、日本で何が起きているのだろう。21年前と何が変わったのだろう。上京以来、ずっとそれを考えてきた。

私なりの一つの答えは、日本における対米自立精神の枯渇だ。「日米同盟」が「国体」となり、その強化とともに対米従属が深化する。その「国体」護持が目的化したことで、政治・経済・軍事の米国との一体化が進む。米国流のグローバリズムと一緒になって格差拡大を招き、社会が痛みの叫びを上げている。その痛みを取り繕おうと、「美しい国・日本」「普通の国・日本」が流布する。覇権を争える大国を目指す自己のプライドを維持するには、「純粋で本当の日本人」をかたどるための「非日本人」＝「他者」を創り出す必要がある。そうして標的にした「他者」を排外・差別することで、日本人「自己愛」を増幅させ、日本の劣化を覆い隠す。

この、がん細胞のようにまん延した空気は、中国や北朝鮮への〝敵視〟政策を促す一方で、米国への甘い「期待」を一層高め、ますます対米従属を深化させる。その空気は、国内の「非日本人」である在日韓国・朝鮮人やアイヌの人々、沖縄人の他者化をも後押しする。延々と加速する悪循環である。

北朝鮮がミサイル実験をすればするほど、その空気は強まり、政治家・メディア人・識者らが一体となって他者化のメカニズムを一層作動させる。その「他者」の一つにされているのが、米軍基地に批判的な沖縄の人々だ。「他者」を攻撃する側から見れば、ヘイトスピーチ対策法の保護対象から外れた沖縄人は格好の標的だろう。

実際に沖縄へのヘイトスピーチ、ヘイトクライムは増幅している。こうした沖縄へのヘイトや、他者化による無関心は、日本政府が沖縄の民意を無視して高江のヘリパッドや辺野古の新基地を強行建設する行為を結果的に後押ししている。

少しでも、この空気を変えたい、小さくとも突破口を見いだしたい――。

その強い思いが本書を出す動機となった。基地建設に反対する沖縄の人々が偏見や差別、ヘイトの標的にされている今、「平和」「自立」「共生」「民主主義」「人権保障」など普遍的価値を強く希求する「うちなーんちゅ」のアイデンティティーを再確認することが必要だと思ったのである。

特に、そのアイデンティティーが培われた戦後沖縄の経験を伝えることが重要だと考えた。東京に暮らして感じるのは、本土の人々は沖縄戦に関しては多少の知識はあるものの、沖縄戦後史についてはすっぽり抜け落ちている感がある。このため、今なぜ、沖縄の民意が新基地建設に強く反発しているのか、理解を妨げているのである。沖縄戦という〝点〟と、現在の基地問題という〝点〟が、線でつながっていない。それも本書を執筆した理由の一つである。本土の方々に戦後の沖縄の経験を知ってほしいとの思いがある。

今の日本を「日本丸」という船に例えよう。歴史の流れという時間を縦軸に、国際社会という空間を横軸にした大きな座標軸を想定しよう。「自由」「平等」「平和」「自立」「共生」「民主主義」「人権保障」などの普遍的価値は〝羅針盤〟である。「右」とか「左」などといったイデオロギーを突き抜けた人類普遍の針路である。その座標の中で、日本丸の位置と方向性を捉えた場合、〝羅針盤〟が示す〝目標〟に向かって正しい道を進んでいるのだろうか。船底に穴が空き、水が浸水していないか。米国や、日本の政権中枢など権力への忖度の横行で、〝穴〟のような不都合な事実や不条理を覆い隠していないか。

普遍的価値と矛盾する出来事や不条理が頻発している沖縄の現場からは、日本丸の進路の危うさや、船底の〝穴〟がよく見える。抵抗の主体として戦後培われた、普遍的価値を希求する「うちなーんちゅ」というアイデンティティーは、日本丸の進路や日本人の〝素顔〟を映す鏡でもある。いくら取り繕うとしても、その〝素顔〟を映してしまうのが、沖縄の現状だ。「右」とか「左」とかというイデオロギーでは覆い隠せない。

私は幸い、琉球新報社で2014年2月から沖縄の自己決定権をテーマにキャンペーン報道を担当させてもらい、15年6月に本として出版させていただいた（琉球新報社・新垣毅編著『沖縄の自己決定権―その歴史的根拠と近未来の展望』高文研）。そこで述べた「琉球処分」（琉球併合）の歴史も、今回の中心テーマである戦後史と、線で結びたかった。それが本書名に「続　沖縄の自己決定権」を付けた理由である。前著も読んでいただければ、沖縄の長い差別の歴史や自己決定権への理解を、より深めていただけると思う。

本書は、私が1996年度に法政大学大学院に提出した修士論文「沖縄におけるナショナリティの歴史的形成―「祖国復帰」論議を中心に」を修正・削除・加筆し、さらに最近の動向や考えを加えてまとめたものである。学説のレビューは省き、学術的記述などは、論旨を外さない範囲でなるべく削り、分かり安い表現に変えたつもりだが、不十分な点が多々あると思う。ひとえに私の力不足が原因である。お許しを請いたい。

コラムは琉球新報紙上で2015年に連載した「未来築く自己決定権―戦後70年　差別を断つ」の私の執筆分から抜粋した。現場での記者活動という尊い経験は、自己決定権のキャンペーン報道に続き、本書を執筆する上で大きな糧となった。その経験を与えていただいた琉球新報社には心から感謝します。

なお、出版にあたり、今回も高文研にお世話になった。高文研の山本邦彦さんからは助言やアドバイスなど多大なご尽力をいただいた。深く感謝します。

また2017年6月12日に、本書に多く登場した元沖縄県知事・大田昌秀氏が逝去された。そのことも拙書を世に出す意思を強くさせた。大田氏にはよく取材でお世話になった。ご冥福をお祈りします。

本書に登場する他の識者を含めたアイデンティティー表明である「うちなーんちゅ」は、普遍的価値希求の象徴である。沖縄人によって、その〝魂〟が今後何十年、何百年も受け継がれてほしい。

2017年10月

新垣 毅

新垣　毅（あらかき・つよし）

1971年、沖縄県那覇市に生まれる。琉球大学卒、法政大学大学院修士課程修了（社会学）。1998年、琉球新報社入社。沖縄県政、中部支社報道部、社会部遊軍キャップ、編集委員、社会部デスク、文化部記者兼編集委員などをへて、2016年4月より東京報道部長。2011年にはキャンペーン報道「沖縄から原発を問う」取材班キャップ、2014年には沖縄の自己決定権をテーマにした100回連載「道標（しるべ）求めて－琉米条約160年　主権を問う」を担当した。沖縄の自己決定権を問う一連の報道で、第15回「石橋湛山記念 早稲田ジャーナリズム大賞」（2015年12月）を受賞。
著書：『沖縄の自己決定権－その歴史的根拠と近未来の展望』（高文研）。共著書に『うちなーの夜明けと展望』（琉球新報社）『沖縄自立と東アジア共同体』（花伝社）など多数。

続 沖縄の自己決定権
沖縄のアイデンティティー

●二〇一七年一二月一〇日────第一刷発行

著　者／**新垣　毅**

発行所／株式会社　**高文研**
東京都千代田区猿楽町二─一─八
三恵ビル（〒一〇一＝〇〇六四）
電話　03＝3295＝3415
振替　00160＝6＝18956
http://www.koubunken.co.jp

印刷・製本／精文堂印刷株式会社

★万一、乱丁・落丁があったときは、送料当方負担でお取り替えいたします。

ISBN978-4-87498-642-4　C0036

◇沖縄の歴史と真実を伝える◇

沖縄は「不正義」を問う
●第二の〝島ぐるみ闘争〟の渦中から
琉球新報社論説委員会編著　1,600円
沖縄がいま問いかけているのは「民主主義とは何か」。全国に届けたい沖縄の主張と情理。

琉球新報が伝える 沖縄の「論理」と「肝《ちむ》心《ぐくる》」
琉球新報社論説委員会編著　1,200円
沖縄はいま、どんな「思い」で何を「主張」しているのか、改めて、ここに伝える。

沖縄の自己決定権
●その歴史的根拠と近未来の展望
琉球新報社編　新垣毅著　1,500円
沖縄のことは沖縄で決める――その歴史的根拠を検証し、自立への展望をさぐる！

沖縄は基地を拒絶する
●沖縄人33人のプロテスト
高文研編　1,500円
日米政府が決めた新たな海兵隊航空基地の建設。沖縄は国内軍事植民地なのか?!

普天間を封鎖した4日間
宮城康博・屋良朝博著　1,100円
沖縄中の怒りの中を強行配備されたオスプレイ。4日間の市民の「普天間ゲート封鎖」記録。

沖縄 鉄血勤皇隊
大田昌秀編著　2,000円
二度と同じ悲劇を繰り返してはならないとの固い決意とともに、戦後72年の歳月を思いながら作り上げた労作！　著者の遺作。

法廷で裁かれる沖縄戦【訴状編】
瑞慶山茂編　5,000円
沖縄戦を遂行した国を被告に、沖縄戦民間被害者が初めて提訴した国家賠償訴訟の全貌を「訴状」で明らかにする。

法廷で裁かれる沖縄戦【被害編】
瑞慶山茂編　5,000円
沖縄戦民間被害者が提訴した国家賠償訴訟の全貌を、79名の原告の戦争被害の詳細な陳述と、PTSD等の精神被害の実態明らかに。

沖縄一中 鉄血勤皇隊の記録（上）
兼城 一編著　2,500円
14～17歳の〝中学生兵士〟たち「鉄血勤皇隊」が体験した沖縄戦の実相。

沖縄一中 鉄血勤皇隊の記録（下）
兼城 一編著　2,500円
〝鉄の暴風〟下の戦闘参加、戦場彷徨、捕虜収容後のハワイ送りまでを描く。

沖縄vs.安倍政権
宮里政玄著　1,500円
沖縄への自衛隊配備を積極的に進め、米軍基地の共用、その取得を狙う安倍政権に、沖縄は積極的な抵抗を継続しなければならない。

女性記者がみる 基地・沖縄
島 洋子著　1,300円
日本政府のあまりの「強権」に何度も何度も崩れ落ちそうになっても、膝をつかない沖縄県民の心根を、綴る！

沖縄・憲法の及ばぬ島で
川端俊一著　1,600円
戦後の沖縄を新聞記者はどう伝えてきたのか。朝日新聞紙上で連載された「新聞と9条―沖縄から」を基にして、加筆・再構成して刊行。

これってホント!? 誤解だらけの沖縄基地
沖縄タイムス社編集局編　1,700円
ネットに散見する誤解やデマ・偏見に対してデータ、資料を駆使し丁寧に反証する！。

米軍政下の沖縄 アメリカ世《ゆー》の記憶
森口豁著　1,600円
日本が高度経済成長へ走り始めた頃、沖縄は米軍政下。その時代を写真で語る！

※表示価格は本体価格で、別途消費税が掛かります。